文化广西

史传

极简壮族史

罗树杰 著

广西民族出版社
Gvangjsih Minzcuz Cuzbanjse

图书在版编目（CIP）数据

极简壮族史 / 罗树杰著 .—南宁：广西民族出版社，2021.6
（文化广西）
ISBN 978-7-5363-7478-2

Ⅰ . ①极… Ⅱ . ①罗… Ⅲ . ①壮族－民族历史－中国－通俗读物 Ⅳ . ① K281.8-49

中国版本图书馆 CIP 数据核字（2021）第 079846 号

出 版 人 石朝雄
出版统筹 郭玉婷
设计统筹 姚明聚
印制统筹 罗梦来
责任编辑 陶安宁 梁秋芬
责任校对 黄一清
美术编辑 何世春
责任印制 梁海彪 刘文峰
书籍设计 姚明聚 徐俊霞 刘瑞锋 唐 峰 魏立轩

出　　版 广西民族出版社
广西南宁市青秀区桂春路 3 号　邮政编码　530028
网　　址 http://www.gxmzbook.com
发行电话 0771-5523216
印　　装 广西民族印刷包装集团有限公司
开　　本 1230 mm × 880 mm 1/32
印　　张 5.5
字　　数 114 千字
版　　次 2021 年 6 月第 1 版　2021 年 6 月第 1 次印刷
书　　号 ISBN 978-7-5363-7478-2
定　　价 26.00 元

前 言

壮族是中华民族大家庭中的一员，是中国少数民族中人口最多的民族。

壮族有着悠久的历史和源远流长的文化。大量的考古资料已经证明，今天的壮族地区是古人类文明的重要发源地之一。从大约80万年以前的旧石器时代到距今1万多年的新石器时代，壮族远古先民一直都在岭南珠江流域生息繁衍，留下丰富的人类活动遗迹，还发明养猪、栽培水稻、制陶等，创造了灿烂的古代文明。

先秦时期，尽管中央集权的王朝可能还没有完全形成，但是从三皇五帝到春秋战国的统治者就把壮族先民聚居的岭南地区作为其领地加以力所能及的管理，开启了壮族先民与长江流域、黄河流域诸民族交流的先河。统一的多民族封建国家秦的建立，有力地促进了壮族先民与其他民族的交往交流交融。秦汉对壮族先民——越人聚居的地区采取跟汉族地区不一样的政策来治理。根据越人地区社会经济发展水平较低、文化差异较大等实际情况，尊重越人的风俗习惯，允许越人首领在其原来的地盘上统治，“以其故俗治”，即不改变其原有社会经济文化制度，按照其原来的统治方式进行基层社会治理。朝廷只对其进行间接治理。随后，南朝的左郡、左县，唐宋的羁縻制，元明清的土司制，均由“以其故俗治”发展而来，对于缓和民族关系，维护民族团结和社会稳定，巩固国家的统一具有重要作用。

秦汉时期的大一统，尽管中间曾经有过南越国割据，但是由于南越国实行比较开明的政策，岭南地区社会较为安定，民族关系比较和睦，因而整个秦汉时期岭南地区的经济社会发展进一步加快。隋唐时期，中国实现更大范围的统一，各民族的交往交流交融得到了空前的发展，我国封建经济进入繁荣时期，岭南壮族先民的农业、手工业、商业贸易、交通等诸方面都有不同程度的发展，达到了一个新的水平，壮族的孕育得以基本完成。两宋时期，中华大地上，宋与吐蕃诸部、大理、辽、西夏、金、蒙古等政权并存，战争频繁发生，岭南地区社会则相对稳定，中原大量汉族人口迁入岭南，并带来了先进的生产技术和科学文化，从而加快了壮族地区的开发和经济文化的发展，经济重心逐步转移到了南方。朝廷对岭南地区的统治进一步加强，设置的羁縻州县数量远远超过了唐及五代时期，经济社会加速发展，更多的汉、瑶、苗、回等民族迁入。在新一轮的大一统中，在羁縻制度具体管理之下，行政区划逐渐以地缘关系为依据取代了以血缘关系为依据，壮族先民的经济水平加速提升，社会封建化加剧，古壮字的出现和族称的确定，标志着壮族作为一个民族正式形成。

元明清时期，中国封建社会再现统一的局面，而且这一时期的大一统的规模和持续时间都超过了历史上的任何时期。朝廷对少数民族地区的控制进一步加强，为各民族更为深入的交往交流交融创造条件。这一时期，朝廷继续在壮族地区实行“双轨”制，即壮族聚居的东部地区实行与汉族地区同样的治理方式，西部地区继续实行“以夷制夷”为主的间接治理方式。但是，唐宋时期的羁縻制度已经转变为土司制度，并适时进行改土归流，明显加强了对壮族土司的监管与制约，壮族社会的经济文化进入一个新的发展阶段。

作为历史悠久、人口众多的民族，壮族在长期的生产生活实践和交往交流交融过程中与各民族形成了亲密无间、水乳交融的良好关系，创造了丰富多彩、璀璨夺目的传统文化，形成了以白莲洞、甑皮岩、顶蛳山为代表的新石器时代文化，以刘三姐、无伴奏三声部民歌为代表的歌唱文化，以铜鼓为代表的青铜文化，以最早驯化野生稻、“那”地名的广泛存在、雷神娃神崇拜、糯食为代表的稻作文化，以干栏房屋为代表的木构建筑文化，以壮族三月三为代表的地方民族传统节日文化，以彩调、壮剧为代表的戏剧文化，以左、右江革命根据地为代表的红色文化，等等。这些都是中华优秀文化的重要组成部分。

新中国成立后，党和国家实行民族平等和民族团结政策，并制定了民族区域自治制度，壮族人民实现了真正的当家做主。随着社会主义建设不断发展，壮族在社会主义社会中走向繁荣。

目　录

壮族地区是古人类文明的重要发源地

大量的考古资料已经证明，今天的壮族地区是古人类文明的重要发源地之一。这里居住着古老的人类，留下丰富的人类活动遗存。壮族远古先民在这里发明养猪、栽培水稻、制陶等，创造了灿烂的古代文明，形成了苍梧、西瓯、骆越等不同的族群，建立了早期的地方政权，为壮族的形成和中国统一多民族国家的建立奠定了基础。

丰富的古人类活动遗存

壮族地区气候温暖，雨量充沛，江河密布，森林茂密，具备古人类生存的良好条件。这里很早就居住着古人类，而且也留下了大量的古人类化石和活动遗存。

1958年，人们在广西柳江新兴农场通天岩发现“柳江人”化石，这是中国乃至整个东亚迄今发现的最早的新人阶段的遗物。2008年5月，科研人员在广西崇左市江州区木榄山智人洞，发现了距今约11万年的早期现代人下颌骨和大量的动物化石。2014年，在广西田东陆那洞发现了两颗距今10万年的人类牙齿化石。

科学家将现代壮族人与“柳江人”“甑皮岩人”等古人类进行体质特征比较后发现，现代壮族人与这些古人类有着比较接近的亲缘关系。他们将“柳江人”的骨骼与现代壮族人的骨骼进行比较分析后也得出类似的结论。也就是说，现代壮族人在其体质形成过程中，与岭南地区某些新石器时代古人类有一定的继承关系，而其根源似乎可追溯到旧石器时代晚期的“柳江人”。

近几十年来，考古工作者在广西发现的旧石器时代遗址已有150多处，其中在百色市田东、田阳等地的右江河段两岸台地上

“柳江人”复原塑像

百色手斧

发现的打制石器地点和石器数量最多，分布也最密集，约占广西发现的打制石器地点总数的一半以上。在壮族远古先民分布的其他地方，如今天的广东、云南、贵州等地，也发现有大量的旧石器时代遗存。20世纪70年代以来，在百色盆地陆续出土的用质地坚硬的石英岩、砂岩打制的手斧轰动了世界。这是为什么呢？首先是这些手斧的年代非常久远。2000年，美国科学家断定这些手斧距今已有80多万年。其次，更重要的是这些手斧加工工艺复杂。它们的出现推翻了长期以来西方学术界认为东半球古人智力不如西半球古人的结论。

壮族地区也是我国新石器时代遗存数量最多、类型最丰富的地区，发现的新石器时代遗存共有400多处。20世纪50年代以来，考古工作者在壮族远古先民分布地区的各大江河流域，几乎都发现有新石器时代遗存。这些新石器时代遗存的类型，按其所在的地形或地理位置及内含遗物，可分为洞穴、贝丘、台地、山坡、海滨、大石铲等六种类型。其中桂南大石铲最令世人惊叹。据专家研究，桂南大石铲是从有肩石斧发展演变而来，因主要分布在广西南部，故人们将其命名为“桂南大石铲”。这是当时人们为适应农业发展的需要而制作的一种新型的耕作工具，说明在5000～4000年以前，这一地区的壮族远古先民已经广泛栽培水稻，开始了稻作农业生产。大石铲是金属工具出现之前农业生产工具巨大进步的标志。

在洞穴遗址中，广西桂林市南郊独山西南面的甑皮岩遗址的文化遗存距今约12500年至7600年，也就是说，古人类在此连续

桂南大石铲

居住的时间长达约5000年。经过多次发掘，这里出土了大量的石器、陶器、骨器，以及动物骨骼化石等。经过专家考证，“甑皮岩人”已懂得将捕获的幼猪进行人工饲养。这是我国迄今发现的年代最早的一种家畜，也就是说，“甑皮岩人”开创了家畜饲养的先河。在临桂的大岩洞遗址中，考古人员获得了大量的文化和自然遗物，包括陶片、石器、骨器和蚌器等古人类生活用具、生产工具以及食用后遗弃的水生和陆生动物遗骸。此处发现的用火烧制的陶制品，经测定，年代为距今约12000年，是目前我国发现的年代较早的陶器。

在柳州市南郊大龙潭北面的鲤鱼嘴、南宁市邕宁区的顶蛳山等遗址中出土了大量的螺蛳壳和兽骨，这是当时的居民采集水生和陆生动物并剔食其肉后的遗弃物。这些螺蛳壳的尾部已经被敲掉，说明壮族远古先民已经懂得敲掉螺蛳尾部然后取食螺蛳肉这种当今仍然流行的方法。

在这些遗址中，我们可以看到壮族远古先民是最早发明养猪、烧制陶器的，还可以了解到今天风靡世界的柳州螺蛳粉是有深厚历史根基的。

大量的古人类资料表明，从大约80万年以前的旧石器时代到距今1万多年的新石器时代，壮族远古先民一直在岭南珠江流域生息繁衍。在漫长的原始社会里，远古先民不畏艰险，与大自然进行了艰苦卓绝的斗争，创造了闪耀着智慧光芒、特色鲜明的璀璨文化，从制作工具、采集、捕捞、狩猎到进行水稻栽培、家畜饲养、陶器制作等，促进了人类社会的进步，为壮族远古先民从

甑皮岩遗址出土的陶器

原始社会步入文明社会奠定了物质基础。

1981年5月1日，著名古人类学家、中国科学院古脊椎动物与古人类研究所教授裴文中为柳州白莲洞古人类遗址博物馆题词“中国可以成为世界上古人类学的中心，广西是中心的中心”，充分肯定了广西古人类文化的中心地位。

水稻栽培

稻米是当今世界三大主粮之一。环境地理学、考古学、民族学、语言学、生物学等学科的资料证明，壮族先民是最早栽培水稻的人群之一，为保障人类的粮食安全作出了重大贡献。

野生稻是人工栽培稻和产生原始稻作农业的前提条件。壮族远古先民居住在岭南珠江流域，这里的气候条件和地理环境十分适合野生稻的生存。野生稻在广西不仅分布范围广，而且居群多、面积大，广西中东部几乎每条河沟沿岸都遍布野生稻。壮族先民在长期的采集活动过程中，对野生稻特性和生长规律的认识逐步加深，进而将之驯化并栽培人工稻。今壮族地区是世界稻作农业的重要起源地之一，这种说法得到了遗传基因科学的证明。分布在广西的普通野生稻与栽培稻的亲缘关系表明，广西很可能就是最初的驯化地点。栽培水稻扩散的大致路径：古人首先在珠江流域广西段利用当地生长的野生稻种，开展漫长的人工选择，驯化出粳稻，随后逐渐将之往周边扩散，而往南扩散中的一支进入了今东南亚地区。

根据目前壮族分布地区的考古发现，在距今10000～6000年的新石器时代早期遗址中出土的稻谷遗存和大量食（谷）物加工工具（如磨制的大石铲、石锄、石犁、石锛、石杵、石磨盘，蚌刀及陶器等），可以证明在新石器时代早期，壮族远古先民分布地区已出现原始稻作农业生产，是稻作农业的重要起源地之一。如在壮族远古先民留下的几个遗址中都发现了距今1万多年的水稻硅质体。这些都是我国发现的年代非常久远的人工栽培稻遗迹，为了解壮族远古先民分布地区原始稻作农业的发展提供了实物资料。随着社会生产力水平的提高、种植经验的积累，到了距今7000年前后的新石器时代中期，壮族远古先民分布地区的稻作农业有了较大发展。广西资源晓锦、那坡感驮岩等新石器时代遗址里发现了许多炭化稻谷，仅晓锦遗址就出土炭化稻谷13000多粒。

广西南部地区出土大量的石铲，形体硕大，造型别致，磨制精细。这类大石铲应是一种木石复合农业生产工具，在铲体上加绑一条长木柄，形同现代的铁铲或锹，可用于翻土、理埂和平整土地。新型工具的使用，为提高生产效率、改进耕作方法、扩大耕种面积、提高农作物的产量创造了条件。

壮族远古先民在珠江流域发展稻作生产后，便逐步形成依田而居、据田而耕、赖田而食、靠田而衣、为田而乐的文化特点、生产和生活模式，形成具有鲜明地方民族特色的稻作生产习俗与生活习俗，以及有关稻作农业的信仰、语言称谓。在壮语中，存在大量的与稻作农业起源有关的古老词汇，如周时的《诗经》就有记载壮族先民——越人称稻谷为“糇”，与今壮语完全相同。

广西晓锦遗址出土的炭化稻谷

汉代许慎撰的《说文解字》是中国最早的文字学书，其中收录与稻作有关的字8个，除“稻”“稌”两字外，其余“穙”“稬”“穛”“秔”“秏”“秜”6个字都可以从古越语中得到阐释。当今壮族文化中有大量的古代稻作文化遗风，是壮族先民古代稻作生产的印记。以“那”字作为地名，就是突出的表现。打开地图，就可以看到在珠江流域有许多冠以“那”字的地名，其中又以广西的左、右江和邕江流域最为密集。所谓“那”，就是壮语里的“水田”。例如“那楼”“那板”“那达”“那隆”“那布”“那马”等，其意分别为“我们的田”“村边的田”“河边的田”“大块的田”“近泉的田”“牧马的田”等。“那”字地名，不仅反映了壮族的语言特点，而且具有极丰富和深层次的历史文化内涵，在一定程度上保存了民族文化史尤其是稻作农业史的本来面目。古老而独特的“那”字地名在左、右江和邕江流域的密集分布绝非偶然，这正是壮族聚居的腹心地区作为栽培稻起源地的鲜明印记。

总之，随着社会的不断发展和稻作生产技术的进步，“那文化”也不断丰富和发展，成为壮族文化的核心。稻作农业的发展，为壮族古代文明的起源与变迁提供了坚实可靠的基础，进而为农业与手工业的分工、社会的进步和文化艺术的发展繁荣创造了条件。所以说，壮族远古先民是最早发明种植水稻的人群之一，他们为中华民族文明的发展乃至人类文明的发展作出了重大贡献。

早期的地方政权

随着壮族先民聚居地区社会经济的发展，在距今5000~4000年，也就是相当于中原地区的尧舜时期，壮族地区就已经形成了一些区域性的地方政权。中山大学司徒尚纪教授曾在《广东政区体系》一书中提出，在秦始皇统一岭南之前，岭南地区存在9个土邦小国：驩兜国、缚娄国、阳禺国、儋耳国、雕题国、西瓯国、骆越国、伯虑国、苍梧国。

苍梧是今广西的一个县。古苍梧人是壮族的族源之一，是岭南越人中最早被中原地区的统治者所认识的族群。古苍梧人居住的地域横跨岭南岭北，居于长江流域和珠江流域。苍梧古国是壮族地区最早的古国之一，其中心地区在今湖南省宁远县九嶷山以南。公元前391年，楚悼王南征百越，占领了苍梧古国北部领地，迫使古苍梧人向南转移，其中大部分人并入西瓯。苍梧古国实际上就灭亡了。在虞舜时期，中原地区的统治者就与古苍梧有接触。《礼记·檀弓下》和司马迁《史记·五帝本纪》中，就记载舜帝南巡时驾崩于苍梧之野，葬于今湖南零陵九嶷山。今湖南和湖北部分地区在远古时是古苍梧与另外一个古老部落——三苗的杂居地。近年，在对该地区的考古中发现，不少的文化遗物与岭南越人地区的同类文化遗物相似，应是古苍梧与三苗文化交流的证明。舜为什么途死于苍梧之野？中原地区的统治者很早就有“大一统”的思想。《诗经·小雅·北山》就有“溥天之下，莫非王土；率土之滨，莫非王臣”之说。东汉的经学家郑玄在注解《礼记》时就说“舜征有苗而死，因留葬焉”，即舜帝在征伐三苗时，因遭到激烈抵抗而战死。很可能当时舜是受到三苗与古苍梧的联合抵御。舜帝南巡崩于苍梧的传说，深深地烙印在当地人的心中。为了纪念这位上古圣贤的君主，唐朝大历四年（769年），当地人曾建舜帝庙来祭祀他。“大一统”的思想最终由秦始皇成功实践，建立了统一帝国。

在石器时代，苍梧古国的经济社会发展状况如何？我们可以通过石峡遗址的考古资料来窥见苍梧古国经济社会发展的一些面貌。第一，在发掘的大量墓葬中，从墓坑大小、随葬品的多寡和价值不同，可以判断当时社会已经出现了比较明显的贫富差异、阶级分化。从发掘的房屋遗址来看，规模大小不同、结构复杂程度不一的情况，也反映了社会贫富和社会地位的差距。第二，从出土的大量制作精良的铲、锛、凿、镞、钺、网坠、石片、石棒等石器来看，需要有专门的工匠对石料进行选择、切割、磨制、钻孔和雕刻。同时，还发现了大量鼎、釜、甑、三足盘、圈足盘、豆、壶、杯、盂等形制多样、制作精美的陶器，取代以往一器多用的陶器。这些都说明当时很可能已经有了专门的手工业者，社会出现明显的分工。第三，出土了形制多样的陶纺轮，说明古苍梧人已普遍使用纺纱工具来织布，摆脱了用手搓拈植物纤维的纺织法。这种纺纱工具就是现代纺锭的鼻祖，是一种伟大的创造，是纺纱技术发展史上一个重要的里程碑，是社会文明进步的重要标志。第四，目前我国考古发现最早的栽培稻就出现在古苍梧人活动的中心地带。1995年11月，考古学家在今湖南省永州市道县寿雁镇白石寨村的玉蟾岩发现2粒半古稻谷，经鉴定为约1万年前的栽培种。这是目前世界上发现的最早的人工栽培稻标本之一。2004年11月，中美联合考古队在玉蟾岩遗址再次发现5粒古稻谷。广东省文物考古研究所等单位的考古人员在英德市牛栏洞发现了距今约10000年的人工栽培稻硅质体。第五，在古苍梧的石峡墓葬中出土的玉璧、玉琮、玉瑗等装饰品以及有肩穿孔石钺，和江浙一带的良渚文化遗址出土的器物大同小异，说明壮族先民之一的古苍梧人在四五千年前就与岭北古国有着频繁的文化交往。正是这种交往使得古苍梧人在岭南诸多族群中较早进入文明的行列。

到了青铜时代，苍梧古国的经济社会有了很大的发展。1976年，在今广西东北部兴安县征集到兽面纹青铜卣，同年，贺州市桂岭出土体形硕大的青铜镈钟。1996年，在贺州市马东村发现了两座周代墓葬，出土了罍、鼎、甬钟、矛、短剑、镞、钺、锛共8件青铜器，它们既有中原青铜器风格，也有当地文化特点。这些文物既反映苍梧古国的生产力达到了较高的水平，也反映了古苍梧人与长江流域、黄河流域诸民族文化交流的进一步加强。

西瓯作为壮族先民的另一个重要部族，主要分布于今广西中部、西部、北部和贵州南部。从西汉《淮南子》中出现“西瓯”算起，到南越国被灭，历经106年。如将考古发掘和历史文献记载结合起来看，西瓯人在历史舞台上存在约700年，活动在岭南、岭北一带。关于西瓯古国的经济社会状况，文献资料中只有只言片语，但是却记载了秦始皇在统一岭南的过程中遭到西瓯的顽强抵抗，秦军用了5年时间，损失了数十万士兵才征服西瓯，比征服六国中的任何一个花费的时间都长，伤亡最大，足见西瓯力量的不一般。

西瓯古国的青铜文化非常发达。20世纪50年代以来，考古人员在西瓯故地发现了大量的青铜器，包括剑、矛、钺、戈、镞、匕首等，不但数量多，分布广，而且铸造精致、锋锐，具有较强的杀伤力。广西平乐银山岭战国墓中，共出土377件青铜器，其中最多的是兵器，其次是生产工具和生活用具。兵器中以剑为最多，一般一墓一剑。

随着西瓯社会贫富分化、阶级分化进一步加剧，不同阶层使用的器具也出现了明显的差异。铜鼎、铜尊这样的重器成为财富和权力的标志。使用铜鼎、铜尊的墓主往往要比使用陶制品的墓主身份高。在今恭城秧家的一座春秋晚期墓、平乐银山岭的战国墓、贺州龙中岩洞葬等都发现了铜鼎。

恭城秧家春秋晚期墓出土了大小不同的五个铜鼎，深腹、圜底、兽形足，有些有提梁，有些腹部饰虺纹、饕餮纹，有一件鼎的腹内底部铸一“告”字铭文。这些都是楚国器物的特点。这些铜鼎并非民间交往互赠的普通礼物，很可能是西瓯与楚国交往

恭城秧家春秋晚期墓出土的铜鼎

时，楚国贵族赠送的重礼。这也从侧面反映出西瓯的实力是得到楚国尊重的。而在贺州龙中岩洞葬和平乐银山岭战国墓中出土的铜鼎，大部分皆浅腹，底平或稍圜，扁高足稍外斜，足内侧平，外侧起棱，也具有浓郁的地方色彩，在学界中被称为“越式鼎”，应是本地所造。

铜尊作为一种大容量的酒器，当时只有贵族才可能拥有。在岭南地区的考古发掘中，铜尊都是出土于贵族墓中，它与铜鼎

贺州龙中岩洞葬出土的麒麟铜尊

一样都是贵族阶层权力地位的象征。铜尊与铜鼎的作用相同，形成青铜礼器的组合形式。在恭城秧家春秋晚期墓中曾出土两件铜尊。在贺州龙中岩洞葬中曾发现一件麒麟铜尊，此尊通高53.7厘米，长48厘米，腿高13.4厘米。麒麟铜尊张颌露齿，长鼻梁、宽平吻，双目圆睁，双角竖立，角呈柱形；肚腹滚圆，一副福态；四腿健硕，极富动感；身上布满夔纹，十分华丽；背部开椭圆形口，其上有盖，背上盘着一条龙，龙尾刻着一只凤，凤踮着脚，昂首注视着前面的龙。贺州麒麟铜尊将中国古代神话传说中的龙、凤、麒麟三大神兽集于一身，造型独特。其体形和龙、凤等雕饰具有浓郁的壮族先民的文化特点，而器形和纹饰又透露出中原文化特征，堪称中原文化与岭南文化融合的典范之作，不愧为中华民族古代艺术精品。

铁农具的产生，是农耕文明飞跃发展的重要标志，在人类社会发展史上具有划时代的意义。平乐银山岭战国墓除了出土青铜器外，还有丰富的铁器，其中大部分是农具，有锄、斧、锛、凿、刀等，另外还有少量的鼎、矛等。特别值得一提的是，平乐银山岭战国墓出土数量众多的铁锄，这在其他地方是罕见的，即使是出土铁器较多的湖南楚墓也无法与之相比。同时，平乐银山岭战国墓出土的铁足铜鼎、双肩铁钺，其形制与楚地的器物有着明显的不同，具有浓郁的地方特点，应是本地所铸造。

大量的铁制农具作为随葬品，说明当时使用铁农具已相当普遍。大量的铁农具使用于农业生产，使生产效率大幅度提高，为经济稳定、社会持续性发展打下基础，才可以供养贵族和建设力量强大的军队，之后秦始皇统一岭南的过程中才会遇到西瓯的顽强抵抗。

骆越也是壮族先民的重要组成部分，分布在今广东西部、广西南部、云南东部。根据汉代文献记载推算，从“骆越”之名在《汉书》中出现，到东汉初年消失，历经约100年时间，实际上骆越存在的时间应不止100年。骆越古国在南部地区，若要与楚国以及中原交往，中间隔着西瓯，因此骆越重点向西、向东发展，所以骆越文化受中原文化的影响要小一些，其个性更加突出。但是，这并不是说骆越发展水平就非常低。与西瓯一样，骆越的青铜文化也非常发达。

20世纪七八十年代在广西武鸣安等秧、独山岩洞，田东锅盖岭，宾阳韦坡等战国墓葬中发现了丰富的青铜器，以兵器为主，包括不少铜剑，其形制与平乐银山岭战国墓出土的差不多，而具有地方特色的扁茎无格剑最多，说明当地已经具有相当高的铸造水平。但是，到目前为止，在骆越故地中，仅在宾阳韦坡战国墓内发现葬鼎实物，而其他战国墓中均未见，说明用鼎制度是自北而南发展的，是中原文化向南传播的表现，西瓯、骆越使用鼎是民族文化交流交融的结果。中原文化自北向南传播，因此西瓯受到更大的影响，并以铜鼎、铜尊作为权力的重器。而位于南疆的骆越古国并不像西瓯那样普遍用铜鼎、铜尊作为权力象征，更注重以铜鼓作为象征权力的重器。

铜鼓的起源地包含了壮族先民的分布地。而且，今壮族地区是世界上发现传世铜鼓类型最齐全的地区。壮族先民的铜鼓铸造技术是处于先进水平的。西瓯与骆越都是壮族先民，两者虽有争夺地盘的战争，但也有睦邻友好的交往。在骆越辖区内的今宾阳韦坡发现铜鼎，在西瓯辖区内的今贺州龙中岩洞发现铜鼓，应是双方交往中互赠的礼品，或是贸易往来的交换品。

左江流域的岩画无疑是骆越的艺术杰作。目前左江流域已发现的岩画共180处，尚可辨认的各种画像4500多个。从左江上游的龙州县岩洞山至下游的扶绥县青龙山，其间的岩画点绵延200

多千米，形成一条规模宏大的岩画长廊。特别是宁明县花山岩画，在临江一处宽200米、高约40米的崖壁上，密密麻麻地布满各种色彩鲜艳的画像，经过千百年的风吹雨打，许多画像已被雨水侵蚀得斑驳不清，但是尚可辨认的画像仍然有1800多个，最大的人物画像高达2.41米。规模如此宏大、画像如此众多的岩画，在中国已发现的岩画中是首屈一指的，在世界上也非常罕见。2016年，左江花山岩画文化景观被联合国教科文组织列为世界文化遗产。左江花山岩画所反映的祭祀等社会活动情景，无疑是骆越社会文明的重要标志。

左江花山岩画

西漢南越王博物館

壮族在大一统中孕育

中华民族很早就开始了从多元走向一体的历程。壮族作为中华民族大家庭中人口最多的少数民族，正是伴随着中华民族从多元走向一体的过程孕育发展起来的。这一过程中，壮族先民的族称从“西瓯”“骆越”“苍梧”“濮人”等多元状态，逐渐发展成为“乌浒”“俚人”和“僚”。

先秦的“王土”已经涵盖岭南

先秦时期，尽管中央集权的王朝可能还没有完全形成，但是从三皇五帝到春秋战国的统治者都把壮族先民聚居的岭南地区作为其领地加以力所能及的管理，开启了壮族先民与长江流域、黄河流域诸民族交流的先河。

在先秦时期，今中国东南、南部地区（包括台湾），都是百越的聚居区。百越不是一个民族，而是这一大片地区居民的统称。秦国相邦吕不韦主持编撰的《吕氏春秋》就记载：“扬汉之南，百越之际。”隋唐时期的经学家颜师古在注《汉书·地理志》时引西晋学者臣瓒的话说：“自交趾至会稽七八千里，百越杂处，各有种姓。”也就是说，在今中国长江以南的东南沿海地区，包括江苏、浙江、上海、福建、广东、广西、海南、台湾等大片区域，当年生活在这里的族群，与中原存在明显的文化不同，被称为“越人”。这些越人实际上并不是单一民族，也互不统属，而是包括于越（干越）、山越、东越（瓯越）、闽越、南越、西瓯、骆越等诸多支系，因此号称“百越”。岭南地区则分布着百越中的南越、西瓯和骆越。

尧舜二帝时期，就把岭南列为管辖范围。《尚书·尧典》中记载："申命羲叔，宅南交。"南交，也就是后来的岭南和交趾，其范围包括今天我国广东、广西、海南三省区以及香港和澳门两个特别行政区等。西汉礼学家戴圣所编《礼记》中的《大传》《少问篇》都有尧帝"南抚交趾"的记载。司马迁则在《史记·五帝本纪》中说："唯禹之功为大……定九州，各以其职来贡，不失厥宜。方五千里，至于荒服。南抚交趾……"可见，尧帝已经把岭南视为自己的管辖范围。

夏朝，夏禹继承尧舜的思想，继续对岭南进行管理。司马迁在《史记·太史公自序》中说：夏朝第六位国君少康之子，"实宾南海，文身断发，鼋鳝与处"。这就是说少康之子受封来到南海，管辖百越之地。他入乡随俗，文身断发，和当地的越人一样，共同管理和开发包括岭南在内的南方地区。

商汤以武力灭夏，其建国时间为公元前1600年左右。迁殷前商朝历经汤、太丁、外丙、中壬、太甲、沃丁、太庚、小甲、雍己、太戊、中丁、外壬、河亶甲、祖乙、祖辛、沃甲、祖丁、南庚、阳甲、盘庚等20位王，迁殷时间为公元前1300年。

商朝开国，汤作为第一位君主，就如何统治周边的少数民族诸侯向伊尹请教，让他制定相关制度。这位辅助商汤灭夏朝、为商朝的建立立下汗马功劳的开国元勋、政治家、思想家给汤三条建议：一是商王朝不贪地方方物，进贡易得而不贵之物即可；二是商刚刚取得天下，周边各地进贡就表示臣服；三是凡进贡表示臣服的，可享受诸侯待遇。这三条建议被汤采纳。于是伊尹就根据汤的意思向四方发出命令：东方的符娄、仇州、伊虑、沤深、十蛮、越沤等“剪发文身”的地方政权，以鱼皮做成的刀鞘、墨鱼制成的鱼酱、鲨鱼皮做成的盾牌和利剑作为贡品；南方的瓯邓、桂国、损子、产里、百濮、九菌等地方政权，则以珠玑、玳瑁、象齿、文犀、翠羽、菌鹤、短狗等土特产作为贡品。《逸周书·卷七·王会解》还进一步解释：“自古之政，南人至，众皆北向……”也就是说在古时候，南方的民族都是长期向中原地区的统治者进贡以表示臣服的。

周朝是中国历史上继商朝之后的朝代。周宣王是周朝的中兴之主，他曾多次调兵遣将，主动向南出击，还曾经亲自出征岭南地区。《诗经·大雅·江汉》中写：“江汉汤汤，武夫洸洸。经营四方，告成于王……江汉之浒，王命召虎。式辟四方，彻我疆土。匪疚匪棘，王国来极。于疆于理，至于南海。”这里描述的就是周宣王命令召虎出征南方，开疆拓土，治理南部疆土，扩大周王朝版图，使领土直到南海之滨的情况。《诗经·小雅》中的《六月》《采芑》，《诗经·大雅》中的《常武》，都有类似的描述。

楚国又称“荆”“荆楚”，是先秦时期位于长江流域的诸侯国，在春秋战国时期可以说是强大的政权。《左传·襄公十三年》载：“赫赫楚国，而君临之，抚有蛮夷，奄征南海，以属诸夏……”这是说，春秋中叶时楚人就远征南海了。楚庄王统治时，楚国是当时的“春秋五霸”之一，其鼎盛时期的疆域跨今十一省，岭南诸族曾先后臣服于楚国。

广西那坡出土的骨牙璋

可见，从尧舜到春秋战国的统治者都持续对岭南地区进行主权宣示、管辖，开启了各民族交往交流交融的先河，为秦朝建立统一的多民族封建国家奠定了重要基础。

秦的统一及其对岭南地区的治理

虽然从尧舜到春秋战国的统治者都持续对岭南地区进行主权宣示，并加以管辖，但是当时的管辖还是相当粗放的，各民族的交往交流交融还只是初步的，统一的多民族封建国家秦的建立，有力地促进了壮族先民与其他民族的交往交流交融。

公元前221年，秦灭韩、赵、魏、楚、燕、齐六国，结束了春秋战国以来长期分裂割据的局面，建立了中国历史上第一个统一的封建专制国家。秦始皇统一六国后，面临两大劲敌，一是北方的匈奴，二是南方的百越。根据《淮南子·人间训》等古籍记载，经过充分的准备，公元前218年，秦始皇决定派五十万大军兵分五路出征岭南。东路军进展顺利，很快征服闽越地，设置闽中郡。中路军也很快占领了岭南要地番禺（今属广州）。而攻打西瓯、骆越的西路军却严重受阻。秦军和西瓯发生了秦瓯战争。秦军刚刚翻过越城岭到达今广西兴安县时，就遭到西瓯的顽强抵抗。为了解决粮草和援军的运输问题，秦始皇命令史禄组织开凿灵渠，沟通了湘江、漓江，实现长江水系和珠江水系的连接，使得水运通道从中原直达岭南地区。灵渠修通后，保障了秦军的给养和援兵从长江流域源源不断地运抵岭南。秦始皇又派遣名将任嚣和赵佗率领秦军向西瓯发动了新的攻势。秦军经过长达5年的艰苦征战，击败了西瓯并占领其地，之后继续向骆越的腹地进军。公元前214年，秦国终于统一了整个岭南地区。

郡县制度是秦王朝创建和推行的一种管理制度，是秦始皇为了加强中央集权和巩固国家的统一所采取的一项重要措施。秦始皇统一岭南之后，即按照中原地区所推行的郡县制度设置了桂林郡、象郡、南海郡，对岭南地区进行管理。其中，壮族先民西瓯、骆越、苍梧人主要分布在桂林郡和象郡。

秦朝在岭南设置的郡、县，虽然名称与中原无异，但管理方式却与中原的不完全相同，体现了秦朝治理少数民族地区的策略。在岭南所设的三郡，不设郡一级的行政长官——郡守，只设南海郡尉统制岭南三郡，重点是掌管军事和监察，对其他事务的管理主要依赖当地少数民族首领。

秦朝还采取了一系列措施加强对岭南地区的统治，比如加强交通基础设施建设，组织人力在古道的基础上扩建、新建逾越五岭的道路，称为“新道”。在新道上还修城筑关，派遣军队驻守，使岭南与中原的水路和陆路交通畅通无阻。

秦朝对岭南的统治虽然只有7年时间，但上述措施有效地巩固了秦朝在岭南的统治，也有利于各民族的交往交流交融，促进了岭南地区经济、社会、文化的发展，正是这些发展与变化，才有了后来的南越国和两汉时代岭南地区经济文化的大发展，并加速了壮族的孕育。

南越国的建立及其对岭南的治理

南越国是中国大一统、中华民族从多元走向一体过程中的一段插曲，但仍不能忽视南越国对岭南的治理对该地区的社会稳定、各民族的交往交流交融以及汉代民族政策的发展产生了积极的影响。

公元前210年，秦始皇驾崩，秦朝陷入危机。次年，陈胜、吴广农民起义爆发。公元前206年，秦朝派驻岭南的南海郡尉任嚣在陈胜、吴广起义爆发后，开始谋划割据岭南。不料，他的图谋还没有实现，就重病缠身。任嚣临死前正式签发文书委任亲信赵佗接替他为南海郡尉。等到任嚣一死，赵佗就急忙封锁五岭通往北方的通道，杀掉秦朝任命的那些不服从自己的官吏，并攻占桂林郡、象郡，自立为南越武王，实现了任嚣割据岭南的计划。

搞好少数民族地区社会治理的关键在于处理好民族关系，赢得少数民族的信任。赵佗建立的南越国在少数民族聚居的地方，要想维护自身统治，首先碰到的问题是如何处理好民族关系，消除民族隔阂，得到少数民族的拥护。于是，赵佗制定了一套以“和集百越”为中心的政策，其核心就是让当地少数民族参与管理政务、尊重当地人的风俗习惯、鼓励不同民族通婚、不干预少数民族的内部事务等，从而缓和了民族关系，赢得当地少数民族的拥护，促进了社会稳定。

当时，岭南少数民族与中原地区诸民族在语言、风俗习惯、心理认同等方面还是存在明显差异的。赵佗在建国之初就注意广泛吸收在当地有影响的少数民族首领到南越国的管理机构任职，委以重任，让他们参与政务治理。例如：当地势力极大的吕氏宗族共有70余人被封为长吏，其中大贵族吕嘉被任命为南越国的丞相，吕嘉的弟弟则被封为将军。还有其他豪族显贵，如归义侯郑严和田甲、驰义侯何遗、越郎都稽、湘成侯桂林监居翁、瓯骆佐将黄同、僚侯毕取、揭阳县令史定等，都被吸收到南越国的管理机构和军队中担任要职，形成各民族协同治理的局面。这些少数民族贵族在联系、凝聚当地民众和辅助南越国统治中发挥了重要的作用。尤其是吕嘉连续担任南越国三代国王的丞相，在南越国统治阶层中的地位举足轻重，在各民族官员和民众中威望很高。这些措施加固了南越国统治的政治基础。

各民族相互尊重风俗习惯是搞好民族关系的重要内容。岭南地区的地理环境、气候条件与中原的有很大的差异，因而岭南地区形成了与中原差异明显的风俗习惯。南越政权自建国之初就把尊重越人的习俗当作立国的重要原则。赵佗不仅尊重少数民族的风俗习惯，而且以身作则，带头遵从越人习俗。他自称“蛮夷大长”，脱下中原地区的官服，穿着越人的服饰，梳着越人的发型。在赵佗的带领下，其他非越人官员纷纷仿效。这些举措，有效地消除了民族隔阂，改善了民族关系，促进了民族间友好往来与和睦相处。

不同民族的人通婚是改善民族关系的有效做法，这一做法从先秦时期就被广泛使用。南越国把中原诸民族与越人通婚作为一个核心政策大力推行。南越王室就带头与越人联姻，如明王婴齐的妻子出于越女。同样，越人出身的丞相吕嘉，其宗族里的男子也有多人娶王室女子。频繁的通婚，拉近了南越王室与越人贵族之间的关系，实际上就是拉近了民族之间的关系，有利于社会的和谐稳定。

位于广州的西汉南越王博物馆

南越国最高统治者不仅让当地少数民族参与政务管理、尊重当地人的风俗习惯，而且只要这些少数民族的王、侯、将、帅等服从南越国的统治，南越朝廷都尊重这些贵族原来的管理方法，南越朝廷不干预其内部政治、经济、文化制度，让他们根据自己的方式继续治理本民族地区。如赵佗打败骆越的安阳王后，并没有铲除原先部落中那些骆王、骆侯、骆将及与他们有关的部落组织势力，仅仅派官员到那里，在名义上主持当地政事，实质上还是由当地的少数民族首领按照原来的方式统治。

总之，南越国只是中国从分裂走向统一、从多元走向一体过程中的一段小插曲，其存在不过90多年。但是南越国采取的“和集百越”政策，是相当明智和比较成功的政策，有效消除了民族之间的隔阂，为促进民族的交往交流交融创造了良好的条件。

汉朝对岭南的治理

汉元鼎六年（公元前111年），汉武帝派兵捕杀了南越王赵建德和丞相吕嘉，消灭南越国，岭南地区重新归中央王朝直接统治。汉朝分为西汉和东汉，享国406年，是中国历史上最强盛的朝代之一。汉朝统治者吸收了南越国统治岭南地区的成功经验，对少数民族地区的社会治理更加精细，对促进各民族的交往交流交融起到了积极的作用。

汉武帝平定南越国后，虽然继续在岭南推行郡县制，但是郡县数量更多，由秦时的三个郡增加到了九个郡：儋耳、珠崖、南海、苍梧、郁林、合浦、交趾、九真、日南。中央王朝的势力进一步深入各地，而且在户籍、土地、赋役等方面的管理更加严密。在这九郡中，壮族先民西瓯、骆越、乌浒、俚人集中居住在苍梧、郁林、合浦等郡。

郁林郡，郡治在布山县，即今广西贵港市区，地域范围大致包括今广西柳江、黔江以西地带，今天仍然是壮族的聚居区。

苍梧郡，郡治在广信县，即今广西梧州市区，地域范围大致包括今广西东部与广东西部的连接地带。这些地方今天仍然有不少壮族人口。

合浦郡，郡治在合浦县，即今广西合浦县廉州镇。地域范围大致包括今广西东南部和广东西南部。

此外，还有属零陵郡、桂阳郡的一些县也是当时壮族先民比较密集的地方。

汉朝统治者学习南越国的成功经验，采取跟汉族地区不一样的政策来治理少数民族地区。根据越人社会经济发展水平较低、文化差异较大等实际情况，尊重越人的风俗习惯，允许越人首领在其原来的地盘上统治，“以其故俗治”，即不改变其原有社会经济文化制度，按照其原来的统治方式进行基层社会治理。中央王朝只对其间接治理。值得一提的是，汉代之后，南朝的左郡、左县，唐宋的羁縻制，元明清的土司制，均由此时的“以其故俗治”发展而来，这对于缓和民族关系，维护社会稳定，巩固国家的统一具有重要作用。

西汉时，朝廷先后在全国大部分地区按土地征收“十五税一”“三十税一”的土地税和口赋、算赋等类型的人头税，但对少数民族地区不曾实施过这样的赋税制度。汉武帝在平定南越国后，曾对新平服地区实行休养生息的政策，对番禺以西至蜀南范围内设置的十七个初郡实行“毋赋税”的政策。当地基层官吏的薪水、用物也由邻近的汉族地区供给，类似当今的“对口支援”。少数民族地区只需不定量、不定期地向朝廷进贡一些土特产，表示对朝廷的臣服，其政治意义大于经济意义。汉朝安排了专门的官员来负责这一项工作，如南海郡有圃羞官，交趾郡有橘官长。

各少数民族地区进贡的时间、品种和数量都有规定，如荔枝、龙眼等果品，每年按水果生产季节运送至京城。“毋赋税”政策不仅有利于岭南经济的发展，而且取得了岭南人民对中央王朝的拥护。

为了加强对岭南少数民族首领的管束，汉朝最高统治者还把一些越人首领迁到中原。如苍梧王赵光在元鼎六年（公元前111年）降汉后被封为随桃（今河南南阳）侯；桂林监居翁在同年降汉后被封为湘成（今河南方城）侯；瓯骆左将黄同，因斩西于王有功，在元封元年（公元前110年）被封为下鄜（今河南南阳）侯。朝廷之所以把这些越人首领迁往中原地区，很可能就是要削弱他们的影响力，巩固汉朝在岭南的统治。此外，也有相当数量的越人老百姓被北迁至汉水中游的中卢县（今湖北襄阳）。1973年，湖北江陵凤凰山10号汉墓出土的简牍户籍中写有“越人□二户”，说明汉代的江汉一带散居着不少骆越人。这些骆越人不仅部族未散，仍由其“渠帅”统领，而且子孙繁衍，势力颇大。

汉王朝对岭南地区的管理，既继承了南越国的政策，也有新的发展，总体上还是有利于改变该地区民族分布格局，有利于各民族交往交流交融和边疆地区开发的。汉朝，岭南地区开始成为我国一个具有特色的经济区，在水稻种植方面已经开始实行犁耕和移栽秧苗的先进耕作法。同时，岭南地区与中原以及海外的东南亚地区开始有了密切的经济交流，番禺、徐闻、合浦等开始发展成为我国海外交通和贸易的海上丝绸之路的重要门户。

合浦汉代文化博物馆

秦汉时期岭南地区的经济社会发展水平

秦汉时期的大一统，尽管中间曾经有过南越国割据，但是南越国实行比较开明的民族政策，岭南地区社会较为安定，民族关系比较和睦，因而在该时期岭南地区的经济社会发展进一步加快。

先秦时期，西瓯、骆越等壮族先民都已经由原始氏族社会进入阶级社会。20世纪50年代以后，考古学者在西瓯、骆越故地发掘了数以千计的春秋战国墓，这些春秋战国墓规格有大有小，随葬品有多有少，显示出当时社会的贫富分化及墓主的阶级差别，而且发掘出了大量的青铜器，说明当时壮族先民已进入青铜时代。在一些规模较大的墓葬中有较丰富的随葬品，甚至有象征地位和权威的编钟、大鼎、铜鼓等青铜礼器，表明了墓主的富有和阶级地位较高。

贵港出土的西汉“布、析、蕃”铭铜鼎

史籍记载，秦统一岭南之前，西瓯人已有“君”“将”。秦军与西瓯人进行了数年之久的激烈战斗，西瓯君译吁宋在战斗中阵亡，但是西瓯人并没有立刻溃败投降，而是以桀骏为将，由他领导，继续与秦军作战。与西瓯同时代而且毗邻的骆越，其社会也出现了“骆王”“骆侯”“骆将”等官吏。说明西瓯、骆越的社会组织是比较严密的，这些君、王、侯、将已不是原始社会的部落首领，应该是地方诸侯。经过秦、南越、汉的治理，岭南地区的封建化进一步发展，到三国两晋南北朝时期，部分岭南壮族先民中形成了一些豪门显族，如钦州宁氏、高州（今属广东茂名）冼氏和冯氏、高要（今广东肇庆）陈氏等，他们的头人或称“首领”“峒主”“酋长”，或称“酋帅”“长帅”“俚帅”，拥有奴婢、牲口或铜鼓、珍宝以及武装力量，各占一方，雄踞乡里。

考古发现表明，到汉朝，西瓯、骆越地区已广泛使用铁制农具。铁制农具的品种较为齐全，既有用于翻土的锸、铲、犁铧，也有用于松土锄地的锄、耙，还有用于砍伐树木的斧、锯、刀、锛和用于收割的镰等。铁制农具的广泛使用，牛耕的推广，使砍伐树木、开垦荒地、兴修水利、深耕细作成为可能，促进了农业发展，形成了地主庄园经济。

东汉到南北朝时，流行于广西浔江流域的冷水冲型铜鼓上出现牛的塑像。1978年冬，出土于象州县中平公社良山大队罗汉村的铜鼓，上有3头牛，作前面2头、后面1头排列。平南县同和乡白坟坪铜鼓，在鼓面4只大青蛙塑像之间点缀着3头朝同一个方向行走的牛，前面2头并列而行，后面1头将头伸到前面2头牛的后腿之间，紧紧跟随着，后面这头牛的背上还坐一人，似放牧者赶着牛群归来。桂平市金田镇张凌彭村发现一面冷水冲型铜鼓，鼓面边沿有“孩童戏鸭”和“人牛耕播”塑像。“人牛耕播”塑像由一人、一篓、一牛组成。骑在牛背上的人，胸前系着一只半球形篓，做点种状。考古发掘这一时期的墓葬，有许多类似的器物，说明当时的地主庄园经济不仅在桂东、桂北和粤中等经济较发达的地区得到发展，而且其影响力已开始渗透到今桂西红水河的支

平南白坟坪铜鼓

平南白坟坪铜鼓鼓面上的三牛装饰塑像

平南白坟坪铜鼓鼓面上的五鸟装饰塑像

桂平张凌彭村铜鼓

桂平张凌彭村铜鼓鼓面上的“人≒耕播”塑像

流刁江之畔的偏僻山区。

生产力的发展使得粮食产量大幅度提高，除了满足日常生活需要外，还有余粮来存储和酿酒做醋。这些都在墓葬出土的模型中得到反映。在西瓯、骆越故地的广州、增城、南海、贵港、合浦、梧州、钟山、平乐、兴安等地的汉墓中，出土了许多陶制、铜制或滑石制的粮仓模型。广西梧州市云盖山东汉墓曾出土一件用整块滑石雕凿而成的粮仓模型，仓体呈圆筒形，一侧有门，门位很高，需要架楼梯方可出入，粮仓上有斗笠形顶盖，下有四方形基座，基座底下有4根棱形柱将仓体顶离地面。而广西昭平北陀东汉墓出土的两件谷仓模型，其中一件谷仓前有一人正在开门取谷，两只鸡拍着翅膀到门前啄食，还有一只鹅也赶过去夺食，十分生动有趣。粮仓模型数量多，而且设计讲究，说明当时的粮食储备相当可观。

1954年，贵港东湖新村22号东汉墓出土了五俑三眼红陶灶。这件陶灶呈长方形，前有火门，后有烟囱，灶上有三眼，分置釜、锅和甑各一件，二俑在灶旁操作，陶灶左右两侧各有一缸一俑，此二俑亦在操作，火门前还有一俑跪于地，做看火状。

从整个布局来看，陶灶反映的是日常生活中的炊煮情况，而且是蒸煮手工业作坊的操作情景，是当时手工业用灶的写照。由此可推知：东汉时期，今桂东地区的地主庄园内，人们不仅能生产各种农产品，而且已能制作酒、醋、酱、糖等；当时的地主庄园中，不仅有农民从事农业生产，而且还有多种手工业作坊。农业和手工业的生产领域配有专业人员，反映了当时地主庄园式的

贵港东汉墓出土的五俑三眼红陶灶

自给自足经济已经达到相当高的水平。

秦汉时期，岭南壮族先民已经根据本地的自然条件有针对性地发展养殖业和种植业。

牛至今仍然是人类肉食的重要来源，在以前农业没有机械化的数千年历史中，牛是人们生产生活的得力助手和重要伙伴，特别是对从事农业生产的民族而言，更是不可缺少的宝贝。目前，最早的野生水牛遗骸发现于广西桂林甑皮岩遗址。通过对考古资料和古代文献中关于牛的起源、牛种、分类和分布情况等内容进行深入分析，目前大部分专家认为中国水牛发源于南方，是我国固有的水牛野生种。大约在新石器时代晚期，岭南地区的居民已经开始驯养野生水牛，而至少在汉代，岭南地区的壮族先民已经使用牛耕，牛成为重要的饲养品种。壮族先民很早就有对牛的崇拜习俗。广西贵港等地的东汉墓出土的明器陶牛，从侧面反映了汉代壮族先民居住地的畜牧业和牛耕农业的兴盛和发展。在广西藤县、平南、桂平、灵山等地出土的冷水冲型和灵山型铜鼓上，都饰有水牛形象，说明壮族先民饲养与使用水牛的普遍性和持续性。

猪、羊也是人类主要的肉食来源。考古学家通过对广西桂林

贵港出土的东汉陶牛

甑皮岩遗址出土的猪骨化石进行分析，认为中国饲养家猪的历史可以追溯到9000年以前，这也是中国目前发现的最古老的家猪骨骼。而浙江河姆渡，陕西半坡、姜寨，河南下王岗等遗址发现的猪骨化石，距今大约7000年。

鸡和鸭至今仍然是饲养量较多的家禽。根据考古资料，许多专家认为原鸡的驯化最早出现于南方地区，然后再扩展到北方地区；中国家鸡的祖先是分布于岭南地区的红色原鸡，中国家鸡的驯养史已有7000年。另外，华南地区河流交错，鱼、虾、蚬众多，适合饲养鸭。

考古资料充分证明，秦汉时期岭南地区的畜牧业已经有了较大的发展。南越王墓中发现很多猪、牛、羊的骸骨和少量鸡骨，广州、贵港与南越国同时期的中小型墓中也经常有鸡骨和其他家畜头骨出土，反映猪、牛、羊、鸡等家畜家禽得到普遍饲养。猪的饲养尤为普遍，从出土的陶屋模型可以推测，几乎每家每户都有猪圈。模型中的猪，少则一两头，多则四五头；有肉猪，也有带崽的母猪；猪的姿态有静卧的，有吃食的，还有喂奶的，形象逼真。1971年，广西合浦望牛岭1号汉墓出土的西汉带圈陶屋中，猪圈内塑有猪5头。

1955年出土于贵港高中工地东汉4号墓的六俑陶屋，属于栅居式三合院。屋内有六人俑，分别在舂米、簸米、喂猪，其中一人俑从屋内探出身子，双手捧着潲桶向猪槽内倒潲水；猪圈内塑有一头正在进食的猪；屋外塑有三只羊，正爬上阶梯，鱼贯式地进入羊圈，说明秦汉时期壮族先民已经养羊。

合浦望牛岭1号汉墓出土的西汉带圈陶屋

贵港出土的东汉六俑陶屋

梧州出土的东汉陶卧牛

梧州出土的东汉陶卧羊

岭南地区气候炎热、雨量充沛，除稻、粟、豆等粮食作物以外，还有丰富的水果蔬菜。考古资料和历史典籍都表明，秦汉时期岭南地区的水果、蔬菜和其他经济作物品种繁多，反映了当时园圃业的兴盛。广西贵港罗泊湾汉墓出土了植物种实，经初步鉴定可知，当时栽培的水果有桃、李、橘子、橄榄、梅、人面子、芭蕉等品种。此外，还有芋、黄瓜、甜瓜、木瓜、葫芦、姜、花椒、金银花、广东含笑、甘蔗等作物。广西合浦堂排2号汉墓出土的一件铜锅盛满了稻谷和荔枝。荔枝果皮和果核都保存完整，是目前发现的年代最早的荔枝标本。

岭南地区是龙眼、荔枝的原产地，两者均被视为果中珍品。西汉初年，南越王赵佗就曾将荔枝作为珍品进献给汉高祖刘邦。东汉光武帝不止一次将龙眼、荔枝赐给匈奴单于。唐朝，朝廷每年专门安排岭南地区进贡上好的荔枝供贵妃享用，而杜牧的“一骑红尘妃子笑，无人知是荔枝来”则是后话了。

采珍珠是岭南沿海居民的一种特殊产业。珍珠也叫“真珠”，古人把圆的叫“珠”，不圆的叫“玑”。珍珠是蚌的内分泌物形成的有艳丽光泽的固体粒状物，具有药用价值，也是漂亮的装饰品。岭南的珠崖和合浦，自汉代至今的2000多年来一直是闻名全国的产珠区。其实，合浦采珠在秦统一岭南之前就有了。到汉代，合浦的采珠业已很兴盛。据《汉书》记载，西汉阳朔元年（公元前24年），京兆尹王章得罪大将军王凤，遭陷害冤死，其妻子被流放到合浦，以采珠为业，没想到却发了大财，七八年的时间就家财万贯。合浦珍珠久负盛名，汉朝历代皇帝不断派官员前来搜采。后来由于滥采，珠源渐渐枯竭，合浦经济也因此萧条，当时人们误以为是珍珠逃离合浦了。直到汉桓帝时，孟尝做了合浦太守，他清正廉洁，勤政爱民，革除前弊，禁止滥采，实行有所节制的采珠措施，使蚌得以自然繁殖，珍珠产量恢复到原来的水平，合浦经济逐渐复苏。人们以为迁到别处的珍珠又回到了合浦，于是就有了“合浦珠还”的故事。孟尝为恢复和发展合浦采珠业作出过重大贡献，深受人民的爱戴和怀念，合浦官民曾先后建“还珠亭”和“孟尝太守祠”来纪念他。

秦汉时期，岭南地区的手工业在生产门类、生产品种、生产规模以及制作技术等方面，都有了长足的发展。冶炼铸造、陶瓷制造、玻璃制造、玉石加工、竹木器制造、漆器制造、纺织、造船是这一时期的主要手工业。

岭南地区的冶炼铸造业主要包括青铜和生铁的冶炼铸造，其中又以青铜冶铸业最为突出，特别是汉代的青铜冶炼与铸造工艺达到先进水平，青铜文化也发展到了繁荣时期。

秦汉时期，岭南的青铜器不但数量增多，制作精良，而且造型风格发生了改变，由商周时期的庄重古朴变得灵巧轻便。这一时期的岭南地区青铜器在今广东广州，广西梧州、玉林、钦州、桂林、柳州、河池、南宁、百色以及云南文山等地都有发现，分布的点和面均比商周时期增多，其中又以桂东南和桂东北等地出土青铜器的数量最多，种类包括生活用具、生产工具、兵器、乐器、明器、装饰器、车马器等。除部分器物是中原传入外，有相当一部分是当地工匠模仿中原器形或自己设计铸造的器物。最富

贵港罗泊湾墓出土的石寨山型铜鼓

藤县出土的冷水冲型铜鼓

灵山型铜鼓

北流型铜鼓

西汉羊角钮铜钟

人面纹羊角钮铜钟

有代表性、最能反映当时冶铸水平的就是铜鼓。汉至隋代，壮族先民铸造和使用的铜鼓主要是石寨山型、冷水冲型、灵山型和北流型。

羊角钮铜钟是一种和铜鼓几乎同时诞生的打击乐器，在广西、云南的遗址中都出土过，但广西的出土数量最多，出土地点集中于广西浦北、灵山、容县、贵港、西林、柳城、恭城等地。羊角钮铜钟外部呈合瓦式，很像半截橄榄，上小下大，中空，内壁光洁，顶部有长方形透穿孔，顶端歧出两片羊角形錾钮，底边平直，敲起来声音悦耳。羊角钮钟与铜鼓常常伴出，但自西汉以后趋于消失。

● 合浦西汉墓出土的青铜凤灯

1971年，在合浦望牛岭西汉晚期1号墓出土了一对青铜凤灯，外形模仿站立的凤鸟，双足并立，昂首回望，尾部羽毛后曳垂地，与双足共同支撑躯体，轻盈而稳固。凤身细刻有羽毛，轮廓清晰。这对凤灯造型独特精美，设计巧妙，是一种环保的照明工具，它的腹部是空的，可以放水，腹部上方放着一个活动的圆形灯盘，当蜡烛在灯盘上点燃时，油烟可以通过喇叭形灯罩到达颈部，然后溶入腹腔的水中，使室内没有污浊的烟味。青铜凤灯出土后，多次被带到世界各地展出，名扬四海。青铜凤灯不仅反映了当时岭南青铜器设计、铸造水平的高超，而且是合浦作为海上丝绸之路始发港和郡治繁华的见证。

汉代是岭南地区制陶业迅速发展的时期。考古工作者目前已经在壮族先民居住地发现多个古窑。其中梧州富民坊窑规模最大，从西汉后期开始烧造建筑用瓦和夹砂陶日用器皿，器类主要有瓮、罐、釜，以方格纹和弦纹为主要纹饰。这一时期，陶瓷制造业的发展主要体现在：一是窑址的增多和窑床结构的进步，具体来说就是窑壁较高，可增加烧制陶器的容量，密封性能更好，有利于提高窑室温度，控制二氧化碳的还原度，从而提高陶器的质量；二是综合使用各种技艺，主要采用轮制工艺制作坯胎，器形更为规整、均衡、对称，复杂的器物还采用捏塑、雕刻、镂空、接合等技术，器物种类更加丰富多样，制陶的工效和产品的质量

极大地提高。在众多日用陶器中，造型极具特色的是盒、联罐、熏炉、瓮、罐、壶、簋、提桶等。专门用来给死者陪葬的明器，在这一时期也有大量生产，除鸡、鸭、鹅、猪、狗、牛、羊等家禽家畜模型外，还有各式各样的陶俑和屋、仓、井、灶等建筑模型，制作工艺也相当精致。当代出土的大量此类明器，成为了解汉代岭南社会经济发展的重要材料。

西汉以后，岭南地区釉陶的出现代表壮族先民制陶技术的重大突破。到东汉，釉陶已广泛流行，且施釉均匀，厚薄较一致，胎釉结合得好，不易剥落。在今象州运江、藤县古龙发现东汉烧造青瓷的窑址，标志着这些地区当时已进入瓷器生产阶段。贵港、荔浦、兴安、钟山、合浦等地的东汉中晚期墓出土有碗、钵、罐、耳杯等一批早期青瓷器。荔浦兴坪汉墓、合浦东汉墓均出土青瓷罐、青瓷高足碗，这些都是早期青瓷器，其胎质细密坚硬，

广西合浦汉代文化博物馆收藏的罗马琉璃碗

呈灰白色，釉薄且欠均匀，青中泛黄，具有地方特点。

两汉时期，岭南地区的玻璃烧制技术已经具有较高水平。自20世纪50年代以来，先后在广东广州、佛山、肇庆，广西合浦、贵港、梧州、贺州、全州、兴安、平乐、柳州、西林等地发掘的汉墓中，出土了总数约5000件的玻璃器随葬品，包括珠、管、耳珰、环、璧、杯、盘、碗等。仅在广西出土的汉代玻璃珠总数就超过1.3万颗。南越王墓中的22件蓝色小平板玻璃，是到目前为止发现的年代最早的平板玻璃。它们厚薄一致，晶莹透明，气泡极少，表明当时的玻璃制作技术达到很高水平。广西西林普驮铜鼓墓出土的282号铜鼓表面布满小珠，1991年经中国科学技术大学化验分析，这些小珠是孔雀石和蓝铜矿碾碎成粉后粘合再烧结而成的，说明古青铜器制作技术和古玻璃制作技术的发展有直接联系。广西合浦汉代文化博物馆收藏有一个国宝级的罗马琉璃碗，是通过海上丝绸之路传入中国的舶来品。同样的碗，目前全世界只发现三只，另外两只分别收藏在日本的美秀美术馆和美国宾夕法尼亚大学博物馆。

汉代，岭南越人地区的许多工艺技术落后于中原地区，但是玻璃器制造水平高于中原，这与海上丝绸之路密切相关。

玉器在中国人心目中是一种带有神秘色彩和享有崇高地位的器物。从考古发现来看，在原始社会晚期，生活在岭南的古人已掌握琢玉技术，到汉代已经形成了礼玉、饰玉、陈设玉和葬玉四大类玉雕器物。广州、合浦、贵港、梧州、贺州等地一些大中型的西汉中期以后的墓中常有玉器出土。南越王墓的玉器全属软玉，总数240多件，分属礼仪用玉、丧葬用玉、装饰用玉和器用之玉，四大类俱全。在广西，1971年在西林普驮铜鼓墓出土玉器百余件。1976~1979年，贵港罗泊湾1号和2号汉墓出土玉印、玉璧、玉杯、玉镯、玉璜、玉拐杖首等。这些玉器的雕琢工艺都达到了相当高的水平。

秦汉时期，壮族先民就地取材，从葛麻、芭蕉、木棉、竹子等天然植物中提取细长纤维作为原料，同时种桑养蚕，利用蚕丝制作丝织物，纺织手工业达到了一定的水平。汉代以后，岭南地区的葛布已与犀、象、珠玑齐名，饮誉中原。汉代，壮族先民用芭蕉纤维织的布，被称为“蕉布”，这种布到晋代已闻名全国。西晋左思的《吴都赋》称“蕉葛升越，弱于罗纨”，赞美蕉布比罗纨还要细薄。壮族先民用“古贝”(即木棉)织布并染成五色，制成的布被称为“斑布”。广西贵港罗泊湾汉墓的《从器志》木牍记录了不少丝织品和麻织品的名称、数量，有缯、苎、布、绸、线、絮、丝等，包括成匹的缯、布，用缯、布做成的衣服和囊袋。在梧州、合浦、贵港、平乐等地的汉墓中，曾发现过丝绸、麻布、纱衣、织锦等残片或遗痕。岭南多竹，东汉时期，岭南壮族先民就已发明利用竹纤维织造布料的工艺。但竹布稀疏轻薄，价格昂贵还不耐穿，制成衣服穿在身上几近透明，难以为民众所接受，后来这种工艺随着其他布料的发展而失传。

在大一统的背景下，特别是大量汉族人由于做官、从军、经商、通婚、避难等源源不断地迁到岭南地区，汉文化以及佛教文化也传到了岭南地区，促进了岭南本土民族文化与其他文化的交流交往交融。

秦汉时期，中央王朝为了达到维护和巩固其政权、加强对岭南地区的统治或绥靖的目的，在对岭南少数民族实行强权统治和军事征服的同时，也开设各种形式的学堂，传授中原文化。

岭南地区何时有官府创办的学校没有明确的记载。根据《后汉书·卫飒传》记载，东汉初，卫飒出任桂阳太守时就在桂阳郡设置学校。当时官府办学同建立丧纪、婚姻制度等封建礼制有关，目的是改变所谓的当地越人“不知礼则”“不闲典训”的状态，当时官学主要读四书五经，学习礼、乐、射、御、书、数六艺，引导少数民族移风易俗，学习中原的礼节。

除了官学，这一时期许多从中原迁居岭南的文人都讲学授徒，如避乱而南来交州的桓晔、刘熙、袁徽、许靖、程秉、薛综等人，因“罪”而被流徙至交州的虞翻，在交州出仕做官的陆绩、颜延之等。汉代的苍梧广信县人陈钦、陈元父子，在苍梧开设私塾，传播儒家经典学说，对岭南少数民族的部分民众产生很大影响，后来苍梧郡文士申朔、邓盛，南海郡训诂学家杨孚，都继承了陈氏的经学思想。这对当地文化教育的发展和汉文化的传播，起到了积极的推动作用。

道教是中国的本土宗教，产生于东汉时期，东汉以后传入岭南。晋朝后期，葛洪来到岭南，因听说交趾有丹砂，所以他主动向朝廷请求到勾漏（今广西北流）任县令。史料记载他沿水路从广州逆水转至罗浮山。

佛教发源于公元前1500多年的古代印度。佛教正式传入中国是东汉永平十年（67年）后，此后与中国的传统文化互相影响、吸收，成为中国封建文化的重要组成部分，备受历代帝王推崇，很快在中原大地流传。西汉后期，佛教经海路传入北部湾一带。在今广西合浦、贵港、梧州、富川、恭城、兴安和广东的广州、顺德、三水等地的汉墓中出土过一些陶俑，这些陶俑是按当时随海船东来的外国行僧的形象制作的，这些外国行僧是将佛教传入岭南的最早传播者。

合浦位于北部湾东北岸，西与钦州相连，南与海南岛隔海相望，北靠六万大山，三面环海，土地肥沃，有南流江、洪潮江、大风江等主要河流，灌溉便利，物产丰富。南流江发源于北流大容山，向西南流经玉林、博白、浦北、合浦，于合浦以西的南流江三角洲分五条水流汇入北部湾，故此地称“合浦”。汉元鼎六年（公元前111年）始置县，并且是合浦郡郡治所在。合浦港湾海岸线曲折，水道纵横，港口众多，水深、无礁，东有雷州半岛、海南岛及北海冠头岭阻挡风浪袭击，风平浪静，是古代天然良港。《汉书·地理志》最早记载的海上丝绸之路始发港是徐闻、合浦和日南。徐闻港在雷州半岛，日南在今越南中部沿海，这两个港口都不及与湘桂走廊和北流河、南流江相连接的合浦港方便对外交流。合浦港不但有广阔的陆向腹地，而且拥有以东南亚地区为主的海向腹地，也是与东南亚、西亚和欧洲距离最近的古代中国海港。运输中转便利的内河航运优势、独特的区位优势，加上丰富的物产，使合浦港成为古代中国和东南亚、南亚之间最便捷的海上通道和海上丝绸之路最理想的始发港，在中国南方港口群中占有最重要的地位。当时海上丝绸之路的货物交流，官方贸易带出去的主要是黄金、丝绸、瓷器等。近几十年来在合浦汉墓出土的许多金串珠、金戒指、金手镯、金耳珰、金带钩等，可能就是原来准备出海的商品，后来转“内销”成为当地官僚贵族的佩饰品。在印度尼西亚苏门答腊、爪哇、加里曼丹等岛，发现中国汉代的陶质明器。在印度尼西亚泗水、三宝垄、巴厘岛等地的博物馆收藏有广西汉代铸造的铜鼓。法国考古队曾在东南亚发掘出中国东汉的铜镜。而当时从海外购回来的是明珠、璧琉璃、犀角、象齿和香料。明珠就是指达官贵人追求的各种珠饰，包括珍珠、琉璃和奇石制作的佩饰品，合浦汉墓已经出土的明珠总数达上万枚。璧琉璃就是古玻璃器皿，合浦汉墓随葬品中有大量的玻璃器皿，包括珠、管、璧、环等佩饰品和杯、盘、碗等饮食器皿。奇石异物当是用各种矿物质制作的、形态各异的佩饰品，包括玉石、玛瑙、琥珀、水晶等各种珠饰。这些器物在合浦登陆后，再运到贵港、梧州，由内河转运到全国各地。合浦、贵港、梧州出土大量的玻璃制品，与当年这种远洋贸易不无关系。《汉书·地理志》的相关记载，以及合浦汉墓出土的大量玻璃、琥珀、玛瑙、水晶、香料等舶来品，是合浦港作为海上丝绸之路始发港的充分证明。

壮族在羁縻时代形成

汉朝灭亡后，中国重新陷入了四分五裂的状态。隋唐时期，是中华民族史上继秦汉之后的又一次大一统时期。这一时期中国实现更大范围的统一，先后设立岭南道、分设岭南东西两道，在岭南东部地区规模性推进正州正县的封建化，在西部地区设置羁縻州县以推进封建领主制，进一步加强了对岭南地区的统治。壮族先民以较快步伐走上封建化发展的道路，各民族的交往交流交融得到了进一步的发展，也使壮族的孕育得以基本完成。宋承唐制，继续在壮族先民地区实行羁縻制度，由于国家政治制度的变化和经济重心的南移，北方向南方移民的规模更大、速度更快，民族融合的进程加速，为南方民族关系新格局的形成奠定了基础。这一时期，壮族先民由俚僚并用，到古壮字的出现和壮族族称的确定，标志着壮族最终得以形成。

隋唐对岭南地区的"双轨"统治

581年，杨坚夺取北周政权，建立隋王朝。589年，隋灭陈，重新实现了中国的南北统一。之后，各民族的交往交流交融得到了空前的发展，也使壮族的孕育得以基本完成。

隋朝统一全国后，便开始考虑统治边地的长效政策。隋朝的统治虽然是短暂的，但毕竟开创了大一统局面。当时朝廷在今壮族聚居地区实施"双轨"统治：在受汉文化影响比较深、经济文化相对发达的东部，推行正郡州县的均田制和屯田制；在受汉文化影响比较少、经济文化发展相对滞后的西部，设置羁縻州县以推进非均田制的部落首领封建领主制。隋朝初步建立羁縻州制度，为唐宋羁縻制度的形成打下了基础。

任用少数民族首领治理其世袭的领地，"因俗而治"是自南越国起就成功实施的政策。隋朝统治者吸取统一岭南之初对俚僚采取强硬政策进而激发了王仲宣反隋的教训，实行前代推行过的成功政策，以维持王朝对岭南少数民族地区的间接统治。隋文帝在《安边诏》中明确指出"岭外土宇，置州立县"，"擢彼人物，随便为官"。也就是说，岭南少数民族地区的地方首领，只要愿意臣服隋朝的，就给予相应的官职，让他按原来的方式继续管理地方。至于对朝廷有功的首领，隋朝统治者更是授予高勋显爵，或封赠诰命，荣宠有加。隋开皇十年（590年），裴矩任朝廷特使巡抚岭南。裴矩的治理得到以德高望重的高凉（治今广东阳江一带）冼夫人为首的地方势力的积极响应。地方势力为隋朝孤立和打击番禺地方首领王仲宣等反隋力量提供了大力支持。之后，苍梧首领陈坦、冈州（今广东新会）首领冯岑翁、梁化（一说今广西鹿寨，一说今广东惠东）首领邓马头、藤州（今广西藤县）首领李光略、罗州（今广东廉江）首领庞靖等岭南地方名望得到朝廷的册封。朝廷允许他们继续统领原有土地、人口，并承诺在他们的领地继续实行世袭制。隋开皇末年，钦州少数民族首领宁猛力不顾身患笃疾，要进京朝见隋文帝，以示臣服隋朝的决心。由于当时宁猛力已经久病缠身，未能赴京朝觐。宁猛力去世后，其子宁长真世袭钦州刺史，忠于朝廷，朝廷不仅让他继续统治钦州，还重用他，让他率军征战南北，成为隋朝所依靠的举足轻重的力量。

由于隋朝统治时间短，未能明确界定羁縻州县建置的概念范畴，隋朝所实行的政策还不能算是严格意义上的羁縻制度。

隋朝自进军岭南之始，采用以少数民族的武装防范和镇压少数民族反抗的“以夷制夷”政策：一是用其酋抚其民；二是用壮族先民去攻打其他民族，或用壮族先民中的一部分去攻打另一部分。如仁寿二年（602年），交州地方首领李佛子起兵反隋，朝廷派大将刘方率军队前往镇压，同时也命令俚人首领宁长真兄弟率土兵参与镇压，充分利用少数民族土兵吃苦耐劳、英勇善战的特点为统治阶级服务。

唐朝在岭南地区继承了历代实行的“双轨”制，即在经济社会发展比较快、受汉文化影响比较深、汉族人口比例较高的东部设置与北方一样的行政制度；在经济社会发展比较慢、受汉文化影响比较少、汉族人口比例较低的西部设置羁縻府州县。唐代壮族先民分布区先后置正州64个，同时并立的正州最多的时候有46个；而在仅占岭南面积约三分之一的地区置有羁縻州58个。

唐朝是中国最先将汉朝以来的羁縻策略转变为一种对少数民族地区实行差别化管理的政治制度的朝代。羁，本意为马笼头。縻，本意为牵牛的绳。中央王朝对少数民族采用羁縻统治，意思就是以军事和政治的压力加以控制、以经济和物质利益给予抚慰，让少数民族不脱离朝廷的统治。至于少数民族地区如何治理，朝廷不干预，完全由少数民族的首领决定。羁縻制源于秦汉，汉朝承认少数民族贵族的“王”“侯”“邑长”职位，让他们继续按照原来的方式统治其领地。唐朝正式确立羁縻府州县制，宋朝继续推行。

羁縻府州县制度被正式确定为一种治理民族地区的地方行政制度是在唐太宗贞观年间，并最先在西北地区实施。在壮族先民地区实施大约是在唐玄宗开元初年。开元年间，唐朝在西北、东北、西南等边疆少数民族地区建立了856处羁縻府州，其中在岭南道建立的羁縻府州92处。而唐朝在全国设置的正府州不过300多处，为什么在少数民族地区设置这么多的羁縻府州？其原因就是唐朝是基于少数民族首领原来的管理范围来设置这项制度的，而不按照一般府州县的标准。在此基础上按照原来的管理方式继续由少数民族首领来治理，朝廷一般不对羁縻府州县征税，只要求进贡一些土特产。但是，唐朝采用的是重用少数民族首领进行自治和配以汉族流官进行监控，并逐步推进封建化的做法，这是唐代较之历代王朝在政治上不同的重大表现。

壮族先民分布区羁縻州的设置，主要集中在今岭南西部地区，尤其是桂西南和桂西北地区。最东的是羁縻思刚州和格州（均属今来宾市）。羁縻州是南朝左郡、左县、僚郡、俚郡的发展和演变。

羁縻府州县的长官也效仿正州被授予刺史、正县被授予县令等官衔，管理当地军政民教事务。自唐太宗贞观中期开始，把羁縻府州县按照辖区户口、贡赋数量分为上、中、下三档：4万户及以上为上州，2万户以上、不足4万户为中州，2万户以下为下州；6000户及以上为上县，2000户以上、不足6000户为中县，不足2000户为下县。羁縻州县都是地广人稀，户数、人口不多。朝廷根据这一特点，在政治上允许羁縻府州县长官世袭，在经济上对羁縻府州县也实行相对宽松的政策，虽然要向朝廷缴纳一定的贡赋，但是不需要向朝廷上报户籍。

秦汉以来，在封建制与封建化大一统的前提下，中央王朝对岭南壮族先民实行差别式统治，根据自然、人文历史的客观条件，特别是社会生产力、经济基础的发展状况与规模水平，采取差别化的社会管理制度。唐朝继承历代治理少数民族地区做法的优点，在此基础上，进一步完善发展“双轨”制，在东部采取正州正县制，在西部采取羁縻府州县制。二者除了地域分布的不同外，社会治理方式的差别主要体现在以下几方面。

一是区划建置不同。羁縻州县是根据壮族先民各部落首领实力大小及占地广狭等情况分别设立，授予首领刺史、县令等官职。也就是说，羁縻州县范围的大小是以部落原来的势力范围作为行政区划的基础，因而大小不一，大的可划为一州，也可分为数州。而正州正县是依据地理、人口等因素来设置，亦即正州正县由朝廷审批划定，大小相差不大。由于部落大小不一，所置羁縻州县大小也极为悬殊，羁縻州一般都小于正州。

二是长官任职不同。唐朝，在壮族先民地区羁縻州县的行政长官主要是由侬氏、宁氏、黄氏、韦氏、周氏、莫氏等豪族首领充任。这些获得朝廷册封的刺史、县令等行政长官是终身制，他们去世后，可以由后人世袭，子承父业，实现世领其土，世统其民。而朝廷任命的一般正州正县的行政长官不是终身制，更不能世袭，他们直接受朝廷统辖管理，朝廷可以随时撤换。

三是赋税不同。正州正县的民户需直接向朝廷缴纳赋税。正州正县的长官由朝廷按时发工资，个人没有纳贡的义务。而羁縻州县的居民一般不直接向朝廷缴纳赋税，而只向地方都督府或都护府缴纳少量的赋税，朝廷只要求地方首领们进贡少量的土特产以表示臣服。如唐代桂州（今广西桂林）都督府所辖的7个羁縻州在开元年间进贡铜镜14面，在元和期间进贡银100两。但是每次进贡，朝廷都给予他们比贡品更多的赏赐。

四是武装力量不同。正州正县不能拥有自己的武装力量。羁縻地方可自己组建武装力量，一般数量不限。对这些土兵，朝廷不拨军费。土兵的职责除了保卫边防和维护地方治安外，还得听从朝廷调遣，协同朝廷军队镇压各地反叛力量。

五是法制不同。正州正县是执行全国通行法律，因而也就没有自己单独的法制。唐朝不在羁縻地方贯彻全国通行法律，保持羁縻地方原有的社会制度、风俗习惯，它们可以按照传统的方式来处理本辖区的内部事务。

两宋对壮族地区统治的加强

两宋时期，朝廷通过增加行政区划的设置，采取特殊政策选拔更多的少数民族人才参与国家和地方公共事务的管理，任命汉族官员辅佐和监督羁縻土官，并加强对岭南少数民族地区的军事控制，使壮族先民与中原诸民族的联系进一步加强。

宋朝建立后，于开宝四年（971年）正月统一岭南。宋太宗改岭南道为广南道，后又改为广南路，端拱元年（988年）再分广南路为广南东路和广南西路，由此有了广东、广西之名称。广南西路的广西政治中心经略安抚司设在桂州，辖境包括今广西，海南，广东高州、化州、雷州、茂名、江门，云南广南、富宁和贵州兴义、兴仁等地。

宋朝参照唐朝的制度，仍然在壮族先民地区实行“双轨”制。东部地区设府州，西部实行羁縻制度。几经调整后，到北宋大观四年（1110年），广南西路设置25个州、3个军、65个县。南宋则设置静江和庆远2个府、20个州、3个军。

宋朝在广南西路的西部少数民族聚居区设置羁縻地方，根据原来各部落的势力范围，参考唐朝的设置，大的设州，小的设县，更小的则设峒，继续让地方首领按原来的方式管理当地老百姓。其中，邕州（治所在今广西南宁）辖左、右两江流域，设45个羁縻州、5个羁縻县、11个羁縻峒，融州（治今广西融水）设1个羁縻州，宜州下辖10个羁縻州。宋朝在壮族先民聚居区的行政区划更加完备，表明封建统治势力更加深入少数民族地区。

唐高宗曾经在南方实行特殊的选拔制度，称为“南选”。即岭南地区广、桂、容、邕、安南五管和黔中等郡县的官员，可以不完全由吏部选派，而从本地选人充任，让官员更本土化。宋朝在参考唐朝“南选”政策的基础上，在选拔本土官吏上进一步系统化、规范化。第一，推行特殊铨叙法。朝廷把吏部考核官吏之权下放给广西漕司，由漕司依照吏部铨选程序就地选拔官员上报，称为“定拟”。第二，实行奏辟选官制。奏辟也称“辟差”“辟置”“辟举”“荐奏”等。汉朝、唐末、五代在选拔藩镇长官时曾经使用过，但是宋朝加以创新，根据广南西路文化教育相对落后、科举出身的人才奇缺的实际，针对在经济、刑狱、沿边州军等领域已经入职半年以上的官员，特许广南西路帅司等有奏辟所属州县边军等文武官吏之权。朝廷规定，大凡奏辟，“不限资格，唯才是求”：第一次奏辟可任巡、尉、知寨等职；第二次奏辟可充任边远地方的知县、兵马都监；第三次奏辟可充任左、右江提举。宋朝最初规定，广西还可以专门针对边境地区的官吏单独进行选拔。第三，实行摄试制度。为弥补科举考选正取人数的不足，宋朝在静江（今广西桂林）针对少数民族地区采取的地方性单独科举考试制度，称为“解试”。这种考试录取的名额称“解额”，不需要经过尚书省审批。解试从北宋雍熙四年（987年）开始实行，每两年举办一次，由转运司主持，考过两次的落榜者参试。摄试选官名额依广西的具体情况来定，以缺员为限额。这种选才制度，在一定程度上解决了岭南人难以通过科举入仕、中原人又不愿到广西边境地区任职的矛盾，也有效地发挥了本土官吏熟悉本地情况的优势，对于稳定边疆少数民族地区的封建统治起到积极的作用。

宋朝在壮族先民聚居的左、右江流域等地方设置羁縻州县峒寨，这些羁縻地方设有由当地首领担任的知州、知县、知峒等职官，由官府发给文帖、印记，实行世袭制。同时，朝廷也设置了监督土官的办法。

一是让羁縻州隶属于正州，使羁縻州在行政地位上低于正州。总的来说，羁縻地方是比较多的。但是，不管有多少个羁縻地方，宋朝明确让羁縻地方隶属于正州。宋朝时，今广西壮族聚居区内，管理羁縻州县峒的正州包括宜州、邕州、邕州。

二是委派汉族官员辅佐土官并监督各项事务。官府委派汉族官员任知寨、主簿、提举等职务，辅佐土官并监督羁縻地方的军事、民政和赋税等。知寨之上有提举，左江地区四寨设提举二员，右江地区四寨设提举一员，提举职掌诸寨的各种事务。

三是宋朝在壮族先民羁縻地方构建正规军、地方驻军、县乡土兵三个兵力层次，以统摄地方和进行边防警备，这也是前所未有的。宋朝除在广西部署正规军以外，还设置地方武装，包括土丁、保丁、寨丁、峒丁等土兵，其作用主要是用于维护地方治安、备边、预备役、轮戍等。土兵平时要从事耕作劳动，农闲时定期训练，训练时官府发给钱粮。宋仁宗在位末期，创置广西土丁，规定凡主户不服差役的，5丁抽1丁，每年岁末训练，练习枪、镖、牌3种兵器。宋朝镇压侬智高起义后，进一步加强对壮族先民聚居区的军事控制。羁縻州、县和峒的男子要充任乡兵。治平二年（1065年），安抚司集左、右两江45个溪峒的知州、峒将，给予旗号，统兵人数达4.45万人。宋神宗时，苏缄训练两广峒丁，一年训练两个月。熙宁六年（1073年）实行保甲法，废除峒丁，改邕州所辖的51个峒的峒丁共4.52万人为保丁。元丰二年（1079年），在邕州、钦州设立175个指挥处，总兵力达10万多人，大观二年（1108年）则达20万人。

隋唐两宋时期壮族地区封建化加速发展

隋唐时期，是我国封建经济繁荣的时期，岭南壮族先民的农业、手工业、商业贸易、交通等诸方面都有不同程度的发展，达到了一个新的水平。两宋时期，中华大地上宋与吐蕃诸部、大理、辽、西夏、金、蒙古等政权并存，战争频繁发生，岭南地区社会则相对稳定，中原大量汉族人口迁入岭南，并带来了先进的生产技术和科学文化，从而加快了壮族地区的开发和经济文化的发展，经济重心逐步转移到了南方。朝廷对岭南地区的统治进一步加强，设置的羁縻州县数量远远超过了唐及五代时期，经济社会加速发展，更多的汉、瑶、苗、回等民族迁入，促进了壮族的形成。

隋唐两宋时期，从朝廷到地方官员都比较重视发展生产，鼓励垦荒，置劝农使，专事督促、检查农事。《新唐书·韦丹传》就记载，韦丹任容州（治所在今广西容县容州镇）刺史时就教老百姓耕织、种茶麦，壮族先民非常勤劳，漫山遍野都种满庄稼。《宋史·陈尧叟传》记载，宋咸平初年，陈尧叟任广西转运使时，鼓励并指导老百姓种桑种果。唐宋时期，壮族先民已普遍使用铁制工具和牛耕，灌溉工程不断修建，种植农作物的品种、耕地面积较多，出现稻麦两熟制，因而农产品产量较高。唐代陆羽所著的《茶经》列出当时全国产茶的42个州，其中就有广西的象州。宋代王象之在《舆地纪胜》中提及，今桂中的象州有很多肥沃的稻田，出产一种叫“长腰玉粒”的优质稻米，是南方最好的，周边地区的民众都到那里购买。宋人周去非在《岭外代答》中说钦州水稻可分为早禾、晚早禾、晚禾和月禾等，每年自正月开始到九月，水稻“无月不种，无月不收”。

农业的发展推动了手工业的发展。唐宋时期，壮族先民的手工业在生产种类、生产规模及生产技术上又有所发展。唐代壮族先民纺织的各种布、开采的各种矿产及其加工制品，都被唐朝指定为贡品。唐开元二十二年（734年），陕州（今陕西省）刺史韦坚在京城长安城望春楼举办各地名优特产展览，桂州的蕉布、葛布与蚺蛇胆、翠羽等名列其中。唐朝著名诗人白居易在《新制布裘》中就对当时广西所产的“桂布”赞不绝口：“桂布白似雪，吴绵软于云。布重绵且厚，为裘有余温。朝拥坐至暮，夜覆眠达晨。谁知严冬月，支体暖如春……”当时邕州左、右江地区生产的壮锦已经被誉为“南方之上服”，与中原地区生产的绫罗绸缎齐名。北宋时，成都府路麻织品产量为554739匹，居全国第一位；京东路为196283匹，位列第二位；广南西路为174791匹，排列第三位。可见，宋代壮族先民的纺织手工业不仅工艺水平高，而且产量也相当可观。到了宋代，蔗糖业在一些地方已成为一项重要的产业。宋代，壮族地区的甘蔗种植业和制糖业取得了较大的发展，这些地区也成为全国闻名的制糖基地之一。壮族先民不仅会制砂糖，而且掌握了制造冰糖的技术。南宋穆祝在《方舆胜览》中记载广西藤州壮族先民种甘蔗生产冰糖的情形。由于蔗糖获利较丰，因此当时在广西左江、右江、浔江沿岸普遍种植甘蔗，苍梧一带的蔗区甚至“弥望成林”。

唐宋时期，梧州、贺州、宜州等地已普遍开采金、银、铜、铁、锡、铅等矿物。从采矿的品种、规格、产量来看，已达到较高水平。在陕西扶风法门寺地宫出土过鎏金镂孔银笼1件，刻有“桂管臣李杆进”6字，这是壮族地区向唐朝廷进贡银饰的物证。今广西北流市因采炼铜矿业发达，唐朝时被命名为“铜州”。到了宋代，壮族先民聚居地的采矿、冶炼业有了较大的发展，梧州、藤州、贺州、邕州等地都开采铜、铁、铅、锡矿。梧州、藤州、郁林、宾州、田州、冻州、忠州、江州等州都产铁和铸造铁器。锡的开采则以南丹、河池、贺州为最多。桂州出产的铜镜，因精美而被列为贡品。唐开元年间，桂州曾进贡铜镜44面。武德五年（622年）五月，唐朝在桂州铸造铜钱，说明当时广西的铸造水平是得到朝廷认可的。

唐代，壮族先民聚居地区的重要瓷器产地是灌阳、钟山、桂平、钦州等。唐代墓出土的唾壶、提梁壶、虎子壶、瓶、碗、杯等青瓷器，造型秀巧，纹饰优雅，温润如玉，胎釉结合紧密，极少有剥釉现象。宋代是壮族地区陶瓷业迅速发展的时期。广西的宋代瓷窑分布很广，考古人员在广西的北部、东部、中部、南部、西部的许多市县均发现宋代窑址，说明当时壮族地区陶瓷业的繁荣发展。

随着人口的增多，农业、手工业的发展，交通路线的增拓，壮族先民地区的贸易也繁荣起来。柳宗元于唐元和十年（815年）被贬到柳州做刺史，他写了一首《柳州峒氓》，诗中对柳州的圩镇贸易有这样生动的描写："郡城南下接通津，异服殊音不可亲。青箬裹盐归峒客，绿荷包饭趁虚人。"反映了当时的老百姓赶圩时的情景：柳州当地的少数民族穿着民族服装，以荷叶包着午饭，在市场上操着柳宗元完全听不懂的话。到了宋代，壮族地区的商业贸易有了更大的发展，出现了横山寨、永平寨、钦州等一些大贸易市场，就连地处中越边境的今宁明县也形成了许多圩市。当然，这一时期壮族地区东西部的经济发展很不平衡也是显而易见的。在壮汉杂居的东部地区，随着封建化的进程，其经济发展水平与汉族地区水平相近，农业、手工业、交通、商业都有很大发展。而在壮族聚居的偏远地区，经济发展仍较落后。南宋乾道八年（1172年），周去非赴广西钦州任教，他后来在《岭外代答》中记载，钦州有的农民种植水稻采用的是点谷种、不移栽、不灌溉、不施肥、不耕耘，"任之于天"的粗放耕作方式。

总的来看，隋唐两宋羁縻制度时代，壮族先民地区的经济获得了较大的发展。农业、手工纺织业、采矿业、冶铸业、陶瓷业等均呈蓬勃发展的景象。这一时期人口也大幅度增加。宋代以前，包括广西在内的岭南地区人口稀少，经济落后。到宋代，今广西境内的贺州、邕州、藤州、梧州、浔州、昭州、象州、柳州等地人口增长较快，到北宋元丰元年（1078年），两广人口增至

83.6万户，较太平兴国五年（980年）增长了4倍多，仅次于荆湖南路，位居全国第二位，人口的快速增长促进了壮族地区经济社会的发展。

隋唐两宋时期，在岭南东部正郡州县地区推行均田制和租庸调制，促进了封建地主的发展；在西部实施羁縻州县制度，禁止蓄奴，促进了壮族先民社会封建领主制的确立。唐宋的羁縻制并非简单的“以夷治夷”，而是一种国家主体与地方民族社会发展关系问题的处理方式，在顶层设计上蕴含了“夏夷之辩”与“以夏变夷”的宏观调控方针。

唐朝，岭南壮族先民的一些地方首领还广蓄奴婢。这些奴婢的来源主要是掠夺、买卖和将反叛者、罪犯沦为奴婢。柳宗元在《寄韦珩》的诗中，有“到官数宿贼满野，缚壮杀老啼且号”的诗句，描写的就是地方首领带兵抢夺壮年人作为奴隶，屠杀失去劳动力的老者的情形。韩愈的《孔巢父墓志铭》记载岭南地区买卖奴婢的情形：“岭南鬻口为货，其荒阻处，父子世传为奴。”就是说，部族首领把交易所得的人口作为男女奴婢，强行将他们婚配，这些奴婢所生的子女，因地处僻远无法逃跑求生，只能困于一隅而世代为奴。还有的人因贫困所迫而被卖为奴，如典押妻室儿女，到期无钱赎回，便沦为奴隶。唐朝对岭南等地民间掠夺、买卖、馈赠奴婢的现象，频频下诏严禁。大历十四年（779年）五月，朝廷针对邕州府每年进贡奴婢的做法加以严厉禁止，认为这些奴婢远离父母，绝骨肉之恋，不符合仁义道德要求。对违反诏令者，处治很严厉，或革职，或以强盗论，或处死。孔戣任岭南节度使时，对买卖、掠夺奴婢的人，以死罪论处。元和十年（815年），柳宗元被贬为柳州刺史时，“柳州土俗，以男女质钱，过期则没入钱主”。也就是说，贫困人家借了钱，到期不能还，当利息超过本钱时，就沦为奴婢，一旦为奴则终身为奴。面对这种残酷的习俗，柳宗元决心予以废除。他根据柳州的实际情况，制定了一套释放奴婢的办法：之前已经沦为奴婢的人，能够还钱的允许赎身；拿不出钱的可按劳役时间折算工钱，能够相抵债款时，就取消奴婢身份，恢复自由身。这一举措受到广大贫困百姓的欢迎。在他的推动下，这一做法推广到柳州以外的州县。当时，任桂管观察使的裴行立一年里在柳州附近的几个州县释放数以千计的负债奴婢。岭南奴隶制残余被逐渐废除，为封建化扫除了障碍。

唐宋时期，在岭南东西部实行行政建制的“双轨”制的同时，在经济上适时推行均田制和租庸调制，加速岭南地区社会的封建化。均田制和租庸调制是以户口为基础的，因而唐朝非常重视户籍的编制。唐武德七年（624年）进一步明确户籍登记办法：男女刚刚出生时登记为黄，4岁为小，16岁为中，21岁为丁，60岁为老。老百姓从出生到老，都要编入户籍，而且每三年更新一次。根据所登记的户籍，官府分土地给有劳动能力的老百姓耕种，老百姓须承担赋税。具体办法是：丁男、中男给100亩，长期患病和身体残疾的给40亩，寡妇给30亩（如果单独立户的再加20亩）；官府分给的这些田，20%称为“世业田”，耕种人死后其儿子可以继承，80%称为“口分田”，耕种人死后由官府收回并重新分给其他人耕种。唐朝规定，岭南汉族需要交的税米，上等户为一石二斗，中等户为八斗，下等户为六斗，而少数民族减半交租税，这打破了历史上对少数民族“毋赋税”的政策。同时，唐朝规定，“世业田”除了可以继承外，还可以买卖，使土地兼并成为可能，从而加速了岭南壮族先民社会的封建化。

宋朝参照唐朝的制度，在壮族先民聚居的西部地区实行羁縻制度。但是，羁縻地方的官吏没有一般州县官吏的薪水，朝廷把他们原来拥有的土地“赏赐”给他们。土知州拥有的土地叫“养印田”，土知州以下没有官印的土官拥有的土地叫“荫免田”。这些羁縻地方有田地的土官也被称为“主户”，而他们所统治的老百姓被称为“提陀”或者“峒丁”。羁縻土官按照人口给提陀分配土地，这些土地不能买卖。只有自己开荒的土地叫作“祖业口分田”，可以归自己自由支配。可见，提陀就是依附于土官的农奴，他们耕种土官分配给的土地，要为土官提供粮食、鱼肉等食品，完成土官摊派的劳务，遇到战争他们还得出征。土官就是封建领主。土官之间为了争夺地盘和掠夺人口，不时发动战争。他们把掠夺来的青壮年人口男女相配，给田耕作，使其世世代代成为他们的家奴。因此，羁縻制度的推行，巩固了壮族先民社会的封建农奴制。

要推动社会进步就必须坚决抵制愚昧落后、消极颓废的文化，大力倡导健康向上、代表未来发展方向的文化。唐宋时期，统治者对壮族先民文化的改造，也在一定程度上促进了壮族先民社会的封建化。

两宋时期，壮族先民聚居地区兴办的学校数量明显增多，地区分布渐趋广泛，官学教育得到了空前的发展。在今广西境内各府州县都建立了儒学，形成了三级的儒学网，学校教育走上了正规化轨道。据统计，宋代广西共设立府学2所、州学17所、县学22所，合计41所，数量大大超前代。这41所学校中，其地域分布主要集中于壮汉杂居的桂北、桂东地区，壮族聚居的桂西、桂西北地区仅有个别府、州、县设置了官学。就桂东、桂北地区而言，不仅学校设置地区分布广，而且办学规模相当大。据元代胡梦魁的《修大成殿记》记载，桂州府学可容2000人，可见宋代广西官学教育发展之盛。

唐宋时期，不少汉人由于种种原因迁到壮族先民聚居地区与当地居民杂居，他们带来了汉族地区的文化，促进了民族文化的交流，提升了壮族先民的文化水平。其中迁谪罪官起到了重要作用。前文已提到柳宗元被贬为柳州刺史时，在其任上极力主张释放奴婢。柳宗元来到柳州后，他看到当地老百姓笃信巫神，生病不找医生，而是宰杀大小牲口，请巫师驱鬼祭神。如果驱鬼祭神后病还不好，就认为是鬼神不让患者活了，就放弃治疗，绝食等死。柳宗元引导当地百姓破除迷信，劝说人们生病时要寻医问药，并开导他们不要滥杀牲畜，使当地杀牲祀鬼之风有所改变。而且，柳宗元认识到要想改变当地百姓的贫困状况，就必须大力发展文化教育，提高当地的人口素质，改变落后的生产生活方式。柳宗元来到柳州的第二个月就修复孔庙，并亲自撰写《柳州文宣王新修庙碑》。在这篇文章中，他表达了对发展柳州文化教育的强烈心愿。之后，他亲手在柳州创办多所学堂，并亲自登坛讲课，

柳州人为纪念柳宗元所建的柳侯祠

传播儒家文化思想，鼓励青少年积极读书。另外，柳宗元还利用业余时间，耐心接待慕名前来拜访求教的青年学子，对他们循循善诱，感染和鼓舞了不少有志青年。

经过努力，柳州的文教风气有了明显改变，涌现了一批娴熟诗书、深知礼乐的文化人士。北宋徽宗时期，政见不同的“元祐党人”被流放到广南西路，他们中包括曾布、苏轼、黄庭坚、苏辙、秦观、邹浩、范祖禹、刘安世、李周、张瓘、龚夬、黄葆光等当时的文化名流。

“元祐党人”在壮族先民地区的时间虽不到10年，但对当地的文化建设作出了积极贡献。如黄庭坚尽管在宜州的时间只有17

个月，最后死在宜州，但他在被谪宜州期间，勤学好问，热心讲学，积极传播文化，求实创新，孝友忠信，正直为民，深受当地民众敬仰，深刻地影响着宜州的文化教育和人们的精神气质。他在宜州创作并流传下来的作品有《在宜州南楼作二首》《蓦山溪至宜州作赠衡阳妓陈湘》《寄黄龙清老三首》《虞美人·宜州见梅作》《宜阳别元明用觞字韵一首》《青玉案·至宜州次韵上酬七兄》《南乡子·重阳日宜州城楼宴集即席作》等15首诗词，《游龙水城南帖》《代宜州党皇城遗表》《代宜州郡官祭党守文》《跋李资深书卷》《跋与张载熙书卷》《左藏君墓志铭》等文章和5幅书法作品。他在文学创作上达到了新的意境，书法超出了意象的浩瀚之气，也把独立人格的精神追求和刚健的个性植入了岭南之地。他撰写的《乙酉家乘》(又名《宜州家乘》)记录当时当地的食品医药、茶酒水果、气象变化，是研究宋代宜州风土人情的重要史料。

隋朝统治者废除九品中正制而实行科举制来选拔官吏。这一制度到唐朝才推广到壮族先民聚居的地方。据统计，唐代全国共开进士科260余科，共取进士近7000人，其中广西学子应常举而中进士者共有12人，他们是李尧臣、宁原悌、姜公辅、曹唐、曹邺、赵观文、毛承吟、毛延铎、毛延（王禹)、梁恩、裴说、裴谐。这些进士主要集中于壮汉民族杂居地，多为较早接受汉文化的桂东北和桂东南地区的豪族子弟。如钦州宁氏家族的宁原悌，于武后永昌元年（689年）中进士第九名。相比较而言，社会经济与文化教育发展较为落后的地区，在唐和五代时期均无参加科举考试的记载。到了宋代，壮族先民聚居区的学子参加科举考试的人数和被录取的人数都有明显增加。以今广西地区为例，桂林、宜州设有贡院，宋代广西文科进士共有279名，其中状元3名，而属于壮族先民聚居的融州、宜州、邕州、象州、柳州、宣化、横州、宾州等地共有进士76人，约占广西文科进士总数的24%。绍兴十八年（1148年），钦州宁氏家族的宁宗乔举进士第，其弟宁宗谔也在绍兴二十四年（1154年）考取进士。科举制度在壮族先民地区推行，把壮族先民地区的文化纳入了整个国家的文化体系之中，对壮族先民的思想观念和文化封建化产生了深刻的影响。

壮族的正式形成

经过秦汉大一统到南北朝各民族的交往交流交融，壮族先民社会从苍梧、西瓯、骆越、濮，进入了俚、僚并行发展，并穿插出现乌浒蛮的历史阶段。隋唐两宋时期，壮族在新一轮的大一统中，在羁縻制度具体管理之下，行政区划逐渐以地缘关系为依据取代了以血缘关系为依据，壮族先民社会经济加速发展，社会封建化加剧，古壮字的形成和族称的确定，标志着壮族作为一个民族正式形成。

唐宋时期，壮族先民地区经济发展，各民族之间的交往交流交融进一步深化，中原汉族文化在岭南壮族先民地区广泛传播并产生深刻的影响，壮族先民吸收、借鉴从北方南传的汉文化，创新发展了本民族的文化。

壮族先民也与许多古老民族一样，经历了物件记事、符号记事、图画记事、刻画文字等原始文字发展阶段。早在春秋战国时代，壮族先民已经初创了刻画文字，这在今广西武鸣马头镇元龙坡西周墓、码头乡等战国墓群、岑溪花果山战国墓，以及象州罗秀镇那曹村出土的铜器和陶器、广东饶平出土的商代陶器中都有发现。壮族图形文字是一种古老的文字，是文字的早期形态。

2006年，在云南省富宁县剥隘镇坡芽村，发现了一块画满月亮、星星、花朵、树枝、稻叶、犁、斧、人、马、小鸟、衣服等81个物象符号的白布，当地壮语称为“布瓦吩”，意为“把花纹图案绘在土布上的山歌”，也就是汉语所称的“歌书”，因此被专家命名为《坡芽歌书》。除坡芽村外，随后在坡芽村周围的壮族村又有类似发现，当地不少村民都能够通过图形符号认读山歌。《坡芽歌书》是目前发现的第一部图载无字歌书，是世界上第一部应用图案识别歌名的歌书，当时的男女青年见图便可使用壮语对唱出相应独立成章的单体山歌。《坡芽歌书》上的符号已经具有了记录、传播、交流、教育等文字的初步功能，其中的物象符号也已经具备了文字拆分组合的功能。如“手”的图案，在下面画几个点，即表示“手流血”；与“斧子”的图案结合起来，所表达的意思就是“扛着斧子”。如“脚”的图案，“一只脚”与一条表示“地”的线相组合，就表示“跟你走”；“两只脚”并在一起，即“同行”之意；与表示“房子”的图案合在一起，所表达的意思是“去你家”。

《坡芽歌书》产生于何时，目前尚无法认定，村民只说是从古代流传下来的。据专家考证，坡芽村一带发现的符号歌书，不仅有固定的形态符号和与之对应的歌词大意，而且内涵丰富，已经具备了文字的性质，是人类早期文字之一，具有很高的研究价值。中国语言学专家周有光将《坡芽歌书》定位为“文字之芽”，清华大学赵丽明教授则认为《坡芽歌书》“不仅有诗经的韵味，有

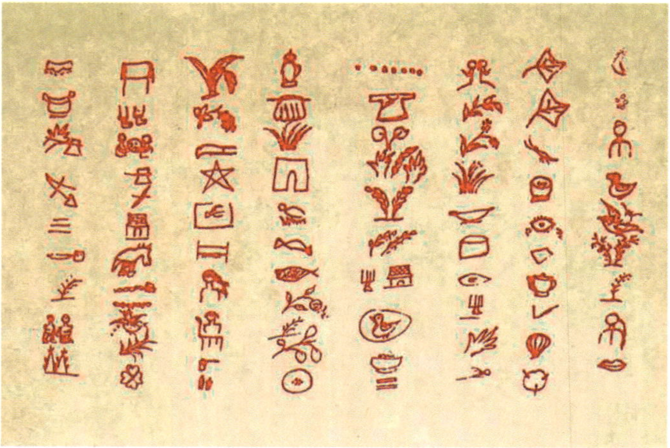

《坡芽歌书》部分内容

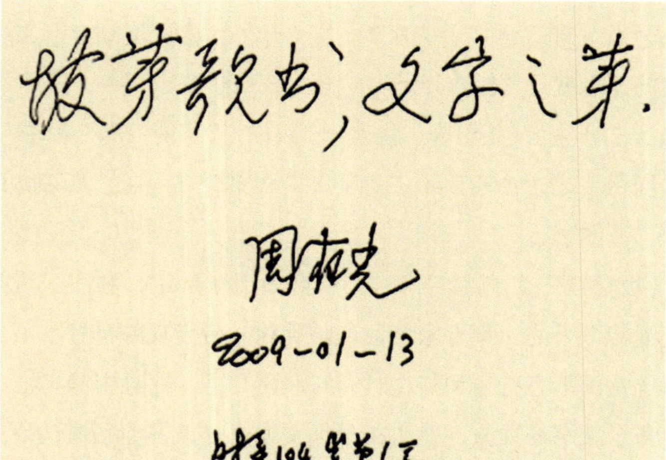

周有光先生为《坡芽歌书》题词

汉乐府的手法，还有梁祝的凄美”。

秦统一岭南后，汉文字在岭南地区传播，壮族先民中出现了一批熟知汉语言文字的知识分子，他们首先利用部分汉字来记壮语语音，弥补原始记事方法以及刻画文字的不足。但是，这种以汉字记壮音的方法，既不形象，也不会意，而且由于当时汉字还没有在壮族先民中普及，这种方法尚不能满足壮族先民的实际表达、交流思想的要求。

在汉族文化的影响下，壮族先民借用汉字的偏旁部首和六书造字方法，创制了古壮字，也称“方块壮字”。

古壮字的产生与发展，经历萌芽、成形、流行与盛行四个阶段。汉朝是古壮字的萌芽阶段。《方言》《后汉书》《说苑》等古籍里，出现许多使用汉字来记录古壮语的情况，如《方言》中就有“魏，牛也”“蚆，鱼也”等记录。唐朝重视在壮族先民地区发展教育，培养了一大批既熟悉壮语又熟悉汉文的壮族儒生、文人，这就为壮族先民创制古壮字创造了条件。古壮字开始由官方公开使用。壮族文人韦敬办曾任都云县令、廖州刺史，他于唐永淳元年(682年)在其家乡(今广西上林县)修建了一座庄园城堡式的“六合坚固大宅”，并用汉文夹杂个别古壮字，以骈体文撰写了《六合坚固大宅颂》，还刻在岩洞的石壁上。15年后，即万岁通天二年(697年)，韦敬办的亲族及下属韦敬一任无虞县令，又撰刻《智城碑》，为韦敬办的“大宅”大唱赞歌。两块碑文都有使用壮族先民创造的古壮字，这是古壮字在唐代公开使用的有力证据。

宋朝时，古壮字已经在民间广泛运用于写字契、麽经、诉状

《六合坚固大宅颂》碑

《智城碑》

和记录山歌。南宋时曾任静江知府的范成大在他的著作《桂海虞衡志》中就说：“边远俗陋，牒诉券约专用土俗书，桂林诸邑皆然。”古壮字的创造，是壮族先民社会文化进步的重要标志，也是民族意识形成的重要标志。

壮族分布广泛，人口众多，其来源也应该是多元的，至今仍存在不同的自称和他称。因此，今天壮族发展成为中国人口最多的少数民族，也是民族不断交往交流交融的结果，是一个从多元走向一体的过程。唐宋时期，壮族先民在汉文献中一般被称为“俚”“僚”或者“俚僚”。到了宋代，汉文献中开始出现以“撞”作为壮民族的名称。

南宋末年，宋理宗在《敕封梁熹忠祐侯吴辅显义侯制》的诏书中有“天禧瑶、撞为梗”的说法，也就是直接把壮族、瑶族作为民族名称并列在一起，证明“撞人”作为一个民族已经得到了朝廷的认可。官方以“撞”这个汉字作为壮族的民族名称，显然把壮族作战勇猛的特征表现在民族名称上。“撞”最初仅作为宜州地区少数民族的称呼，之后使用范围不断扩大，并由此有了新的含义，“撞”逐渐演变成一个族名，标志着壮族作为一个新的民族登上了历史舞台。

壮族在土司时代发展

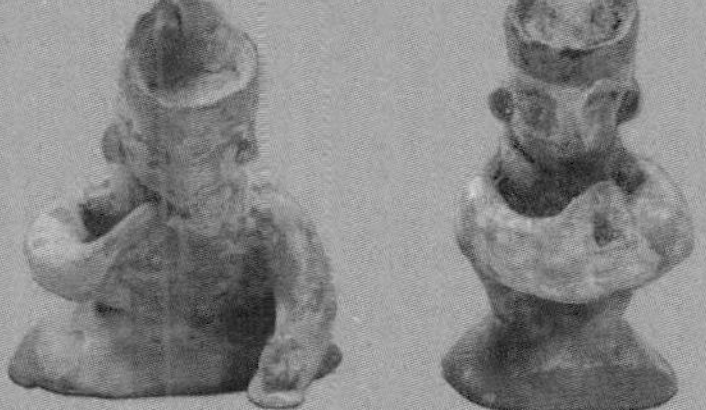

元明清时期，中国封建社会再现统一的局面，而且这一时期的大一统的规模和持续时间都超过了历史上的任何时期。朝廷对少数民族地区的控制进一步加强，为各民族更为深入的交往交流交融创造了条件。这一时期，朝廷继续在壮族地区实行“双轨”制，但是唐宋时期的羁縻制度在此时已经转变为土司制度。朝廷适时进行改土归流，明显加强了对壮族土司的监管与制约。壮族社会经济文化在这一时期也进入了一个新的发展阶段，壮族对中华民族的认同也进一步增强。

土司制度在壮族地区的建立

元明清时期，朝廷进一步加强对壮族地区的统治，除在东部地区继续实行与汉族地区相同的制度外，还将唐宋时期在西部地区实行的羁縻制度发展成为土司制度。土司制度，是元明清三代在羁縻制度基础上发展起来的针对少数民族地区的管理制度。壮族土司制度属于封建领主制，与汉族地区的一般州县所实行的行政、军事、司法同级分置和官员统一享受朝廷俸禄的情况不同，土司地区的土官，虽有官品却不享受朝廷俸禄，只能在自己管辖的领地内“依土而食”。土司的权力运作，具有军政司法合一的体制特征。壮族地区的土司时代自元朝开始，经明清两朝，直到民国时才彻底结束。1931年，广西壮族地区最后一个土司机构那地土州并入南丹县。云南省壮族地区的最后一个土司机构广南侬氏土司则到1948年才被彻底废除。

元朝在壮族地区设置的土司机构，开始时有司、寨、土州、土县、峒等，后改司为府，废寨设路。元代壮族地区设置的土司机构规模是比较大的。

明王朝建立伊始，对于如何治理南方少数民族，朝廷内部有不同意见。洪武元年（1368年），杨璟南征广西回到南京，朱元璋征求他对桂西壮族黄氏、岑氏土司的意见，杨璟认为土司顽犷，聚则为盗，难以文治，主张武力镇压。朱元璋不同意他的看法，认为少数民族虽然风俗与中原不同，但是同样有是非善恶之心，应当采取诚恳相待、安抚为主、晓之以理的政策。洪武二年（1369年），中书省又有人提出把广西少数民族迁入中原，避免产生边境隐患的建议。此议当即遭到朱元璋的否定，他认为应当坚持“顺而治之”的原则来治理少数民族地区，于是朱元璋对南方少数民族地区继续推行因俗而治的土司制度。尽管继续实行土司制度，但随着明朝中央集权的加强，明朝对土司的控制较元朝进一步加强，壮族地区土司机构的设置更加完善。

明朝在壮族地区设置的土司比元朝更多，甚至在原来广西东部壮汉杂居地区不设土司的地方，也增设了不少土巡检。《明史·地理志》说，明代“广西全省惟苍梧一道无土司”。根据各种历史典籍记载并统计，明代前后在广西壮族土司地区设置的大小土司机构约200处，其中桂西左、右两江一带的壮族土司数量最多、势力最强、影响最大。在今云南文山壮族地区设置的土司有广南府、富州、教化三部长官司，安南副长官司，八寨长官司，王弄山长官司，维摩乡土舍，牛羊寨土舍等。在今广东有龙门副巡检司、乐昌巡检司。

明代壮族地区土司具有设置范围广、设置数量多、土官权势大、文职多、职衔高的突出特点。其中正统年间土官岑瑛为世袭思恩知府、都指挥使，从二品，是壮族土官、散官中，官品最高

明代土司衙门官印

的一个。明朝在广西壮族地区设置的土司数量大大增加，主要原因有两个：一是镇压少数民族造反的需要。明朝中叶以后，少数民族的反抗斗争此起彼伏，明朝于起事较多的地区，尤其是原来尚未设有土司的桂东地区增设不少土千户所、土百户所和土巡检司等军事机构，利用土兵去镇压少数民族的反抗斗争，实行“以夷制夷”的政策。二是分化土司势力的需要。明朝为了防止壮族土司势力过大，造成尾大不掉的状况，把一些大的土司分成若干个小土司，从而达到“分而治之”的目的。

清军入关之初，明朝残余势力和李自成、张献忠农民起义军皆退踞南方，继续抵抗。清朝对土司采用归附袭封、有功厚赏的招抚政策，使大批土司纷纷归附。在依靠土司稳定南方局势后，清朝保留明朝壮族土司的大致格局。虽然清初康熙、雍正年间进行了大规模的改土归流，但是，清代壮族地区的土司仍然大量存在。清末，广西地区壮族土司主要分布在红水河、左右江流域，涵盖庆远、思恩、南宁、镇安、太平5府，以及归顺、百色、上思3个直隶州（厅），直到民国时期才最终完成改土归流。

元明清的土司官职分文、武两个系列，与羁縻制度一样由当地有影响的少数民族首领担任，而且可以世袭。元朝土司的武官职有宣慰、宣抚、安抚、招讨、长官诸司，文职有土知府、土知州、土知县、知峒等。明朝土司与元朝土司类似，也有文武之分：文职为土府、土州、土县之类，隶属于验封（吏部），由各省布政司直接管理；武职有宣慰、招讨诸官，隶属于武选（兵部），由各省都指挥直接管辖。清代土司官职更为繁细，除设巡抚、布政使、提督学政、经历司、广盈大使、土盐道、提刑按察使司、司狱、巡抚提督军等文武官职外，官员乃至属下门类又分有内官和外官、文职和武职。一些州县的内官文职设刑名、师爷、大头目、总理、总诉、总目、管家，还有总番，其下有兵科、礼科、吏科、刑科、户科、工科等，其下又有门户、管卷、书班等差役。武职有土统领、土参将、土游击、土守备等。外官则依据辖地大小而异，大者有巡检司，小者无，内分若干区、段、亭、哨、都、路、屯、堡、坡、镇、甲、方等。土司地区的某些官职不是常设的，也不一定由当地人担任，而是为了处理某件重大事项临时设置的，处理完毕后就撤销。如元朝至元二十八年（1291年）为镇抚“蛮夷”而设的“左右两江宣慰司都元帅府”。

土司也有级别的大小。从元朝开始，武职土司正职长官的官职和级别为宣慰司（从二品）、宣抚司（正三品）、安抚司（正三品）、招讨司（正三品）、长官司（从五品）、巡检司（九品）。壮族地区的武职土司特别是高级别的不太多。五路总管、府的正职长官为三品，土州正职长官为四品到从五品不等，土县正职长官为六品到从七品不等，巡检司长官为九品。

思恩府岑瑛是一个屡立战功的土官，历任知府、参政、都指挥使，80岁还带兵打仗。岑瑛作为特例，被授予从二品，官衔上已达到布政使的级别，但主要是奖励性虚衔。即使如此，在壮族土官中，获得这样品级的人可以说是绝无仅有的。

元明清三朝，壮族土司有黄、岑、莫、韦、李、赵、农、梁、冯、闭、许、罗、覃、何、杨、张、侬、沙、龙、沈等大姓，其中以岑、黄、莫、韦、李氏土官势力最强，各有一定的势力范围。在整个左、右两江流域，岑氏与黄氏是并驾齐驱的两大主要土司势力；红水河流域，柳江流域的龙江、融江和洛清江地区主要是莫氏、韦氏的领地。

在今滇东地区，壮族土司以侬氏、沙氏、龙氏、沈氏势力最大。侬氏土司在今广南、富宁、砚山等地多有分布，其中较出名的是广南土司侬氏，以及后来在明末归附于广南土司农（侬）全贵的牛羊寨土舍侬氏。沙氏土官，宋代即已发端于今广南县域，

广南侬氏土司衙署（现为广南第一小学）

原为王弄山（今云南文山以西地区）土目，因戍边有功，获得升迁，管辖安南地区（今云南蒙自市老寨一带），设置安南长官司。龙氏土官一度统治八寨（今云南马关县八寨），后设教化三部长官司，一在八寨，一在枯木，一在教化山，后三部又合成一土司。沈氏，一支为富州土知州，领地在今云南省富宁县一带，清光绪二十七年（1901年）改土归流；另一支为明代设置的维摩乡土舍沈氏，领地在今云南省文山壮族苗族自治州砚山县境内，到康熙二十年（1681年）改土归流。

壮族土司的管理制度

土司制度与羁縻制度的实质是一样的，都是“以夷治夷”，所不同的只是土司制度比羁縻制度更完善、更严密而已。元明清建立了一整套管理土司的制度。

官吏的选拔、考核、奖惩，是一项重要政治制度。中国古代自秦汉开始就在这方面形成了一套比较完整的办法。元明清时期，朝廷对官吏的选拔、考核、奖惩主要是通过科举制，但是对少数民族地区官吏的选拔、考核、奖惩则采取特殊的政策，壮族地区土官的选拔也有不同的政策。

壮族地区的羁縻州县峒长官在唐宋时期就已经实行了世袭制，土司制在羁縻制的基础上发展起来，对土官仍然实行世袭，即“世官其地，世有其土，土民世耕其地，世为其民”。唐宋时期，羁縻州县峒只获“文帖朱记”和“司印”，土司一经任命，朝廷即赐予诰敕、印章、虎符、驿玺书、金银符等作为朝廷命官的凭证，这一点元明清三代大体相同。传玺或金银符，还可作为土司赴朝廷进贡的通行证，凭这个可以解决沿途和进京的食宿交通问题。一些壮族大土司还获得虎符，如南丹州莫国麟、镇安路岑斗荣以及上思州黄胜许、来安路岑世兴等，朝廷允许他们拥有培养、调度土兵的特权，以便担负起保境卫边的责任。

自元朝起，土官世袭制就有所改进。首先，土官世袭制开始形成法规，官府开始建立土司做官的档案。其次，土官家族内部之间的诉讼，不再只由地方官裁决了事，不服地方官判决的可以上诉到朝廷。这就改变了羁縻制度时代少数民族地区完全“以其故俗治”的状况，将土官正式纳入封建官僚体系之中进行统一管理。

明朝在元朝的基础上，进一步严密土官承袭办法。首先是明朝初年洪武皇帝朱元璋就规定，所有土官“袭替必奉朝命，虽在万里外，皆赴阙受职”。也就是说，大凡土官继任官位，必须得到朝廷的任命，而且不管距离京城多么遥远，都必须到京城接受朝廷任命，才能取得合法地位。考虑到土司地处偏远，赴京的确不易，明英宗天顺年间，明朝对这一规定逐渐放松，土官可以就地承袭。但为了防止冒名顶替继任，手续仍十分繁杂：土官的儿子从出生起就要向官府报告；确定作为土官继任的男孩，年满10周岁后，每个月初一、十五都要到官府报到；作为土官的父亲或者哥哥去世，长子或者弟弟要接替官位，必须报朝廷审批，甚至还要由当地知府面见。

清代对土官承袭规定更为严格：土官承袭必须事先向官府提交宗支族谱，按照“先嫡后庶、先族内后族外”的次序，确定继任官位的人，防止冒名顶替、搞乱秩序的事件发生。清朝还规定，新土官承袭时，将原土官的号纸和宗图册结等一并上缴吏部，否则不能承袭任职。清政府甚至对土司承袭的期限也作了严格规定，逾期则受处罚。清朝规定：文职土官承袭，必须由所在的省级官府在六个月内提交全部材料到朝廷审批。如不及时提交，逾期不到一个月的，扣罚三个月薪水；超过一个月的，扣罚一年薪水；超过半年的，扣罚两年薪水；超过一年的，降一级官位留任。土官实际上没有薪水，所扣罚的薪水金额基本上参照其他同级别的官员的薪水金额。

元明清三代都制定了对土官的奖励、惩罚办法，以便有效地管理和约束土官。元朝规定：土官能够爱抚军民，所管辖的地方社会稳定的，三年可以官升一级；对于那些叛逆、动辄兴兵互相仇杀、诬告他人的都要给予处罚。元成宗时，太平州知州李兴隆征伐上思州黄胜许有功，升任太平路总管。

明朝几乎采用流官的标准来考核土官。为了鼓励土官效忠，凡土官有功，朝廷多给升迁，甚至可任流官。如前面提到的广西思恩府知府岑瑛，多次听从朝廷调遣参与镇压少数民族起义，被朝廷表彰提拔，明天顺元年（1457年）升广西参政，后又任都指挥同知、骠骑将军都指挥使。又如明朝万历年间，安南侵略者侵犯广西边疆的下雷、归顺、龙州等地，田州土官岑懋仁、向武土官黄绍纶率兵出战，把侵略者赶出边疆领土。岑懋仁在保卫边疆的战斗中“多建功绩”而受朝廷嘉奖，升授参将，加总兵官服。对于有罪土官，明朝则不姑息，甚至剥夺世袭权并绳之以法。如结伦州冯郎黄本应承袭土官职位，由于被他父亲告发说他有悖逆夺印情况，朝廷不仅不准其承袭官位，还以“无礼”之罪，将他发配到辽东。

清朝初年，因为改朝换代，土官一下子还来不及适应，清朝廷为了减少土官的抵触情绪，招抚土官，让他们愿意效忠，就没有对土官进行考核。但是，当清朝统治稳固之后，从康熙五十九年（1720年）开始，也参照流官的考核办法对土官进行考核，实行升赏降革。通过考核，确有功绩者，就其原品升迁，但清朝土官不能像明朝那样可以升任流官，从而断绝土官上进仕途的可能，以限制其势力。对于有罪土官，清廷酌情给予问责、罚款、降调、革职、戴枷、流徙、囚禁、处死等。根据清朝嘉庆《广西通志》记载，嘉庆以前广西土司被革职的13起，其中茗盈土知州李天裔被处死。

中央王朝牢牢地将土官的承袭之权掌握在自己手中，规定没有朝命不得承袭，同时加强对土官的考核奖惩。中央王朝对土司的控制大大加强，有效防止土司权力过分膨胀而威胁当朝统治。当然，由于土官在少数民族地区治理中的特殊作用难以替代，因而当土官违规犯罪时，朝廷往往会网开一面，处罚较流官轻，甚至是“罚而不废”，以利于保持土司地区的稳定。因此，数百年的壮族土司史中被革职的不多，而被处死的更是罕见。

元明清时期，朝廷承认土司的领地，土司在其领地内有高度自由的治理权力，官府一般不过问，土司还可以拥有自己的武装力量。另外，元明和清初，土司的土官是没有俸禄的。但是为了安抚土官，从乾隆十一年（1746年）开始给壮族土官发“养廉银”。田州得131两，是壮族土官中最多的，绝大多数壮族土官都在20

两以下，最少的罗白土知县才有6钱8分3厘。“养廉银”的发放，有利于增强壮族土官的国家身份认同。

元明清时期，朝廷明确了土司的义务。土司的义务主要是纳赋、朝贡和出土兵。元明清三代大体一致，只是规定越来越具体、详细。

羁縻时期，羁縻地方基本不用纳赋交税，因而纳赋是土司制度区别于羁縻制度的重要标志之一。元明清三代均规定土司阅户籍民，交纳一定数量的赋税。不同的是，元明二代土司纳赋，可输金银钞、粮或布；清代则规定土司纳赋一律折银交纳。如泗城州，年交纳粮1646石9斗，运到宾州常平仓，每石折银7钱。对于拒纳赋税者，朝廷往往发兵讨之。如明洪武二十八年(1395年)，思恩州知州岑永昌隐匿五个县老百姓的户籍不向官府纳赋，遭到讨伐。

缴纳赋税并常规化，也是土司对国家履行的一项职责。若遇特殊情况，赋税也可免除。如明永乐七年(1409年)，广西思明府因上年秋天雨水伤禾，土官知府黄广成请求免粮税，获得批准。除平常交纳赋税外，征战时期土司还要提供各种物资和劳力助战，根据需要出战马、黄金白银、粮食、民丁，负责战时地方后勤供应。

朝贡是对羁縻制的承袭，是土司的最重要的义务之一。土官朝贡的时间，有一年一次、隔年一次、三年一次等几种情况，以土官品级的大小高低、距离京师之远近而定。朝贡要事先获得许可。朝贡人数开始没有限制，但后来人数过多，不得不稍加限制。

元代壮族土官家族大都积极朝贡，并且大土官可以率小土官朝贡。在朝贡的同时，土官都获得物品回赐，并利用面谈的机会要求恢复或设立土官官职。

明代对土司入京朝贡的时间，人数，贡物的品种、数量有了更为详细的规定。一般来说，土官每三年亲自或者派使者赴京朝觐进贡一次。进贡之前，先由省布政司书面报告朝廷，将进贡时间、人数、级别、贡物等列表呈报，并限于当年十二月底前到礼部报到完贡。但是，由于进京路途遥远，很多壮族土官朝贡往往延期完成，对此朝廷也给予原谅，以体现对边疆少数民族的怀柔政策，只是适当减少赏赐。从朝贡人数来看，明初壮族土司派遣朝贡人数很多，这无疑增加了朝廷的接待负担，所以，朝廷后来对入京进贡人数进行了限制。嘉靖七年（1528年）规定，三年朝觐，每个土司只允许带两人。至于进贡的物品，明代广西土司有马、银器、香、解毒药、葛布等土特产。由于北方马市的开辟，加上南方路途遥远，嘉靖四年（1525年），朝廷曾对广西各土官贡马之等级及折银作了要求，将贡马改为折银贮存于布政司库。在特殊情况下，土官可免朝贡。如正德十一年（1516年），因“盗贼”作乱没有被平息，皇帝下诏免除广西镇安等3府、归德等33州、上林等4县、永顺等4长官司土官入京朝贡。土官进贡的同时，朝廷也给予土官大量回赐，以增加土官财富，显示朝廷的荣宠。因此，朝贡的政治意义大于经济意义。

清代，土司朝贡进一步简化。清朝规定：土司或每年一贡，或三年一贡，所进贡的物品名义上是当地的土产，但是都折成银子，在本省缴纳，不需要进京，只把数目报给朝廷即可。于是，进贡已经等同于纳赋交税，从而使土官屈服于地方流官，朝廷还可节约大量回赐。

出土兵是壮族土司的重要义务之一。元明清三代均规定土司合法拥有土兵，土兵也称“俍兵”“目兵”等。土兵体制是“兵农合一”，土兵隶属土官，给田耕种，专服兵役，奉调应征则为兵，息战耕田则为民，土兵实际上都是耕种役田服兵役的封建农奴。土司拥有的土兵少的数百，多的过万。庆远三土州，各有精兵近万人。土司的武装力量须听从朝廷调遣，以配合对外作战，镇压统治阶级内部的反叛。尤其是明中叶以后，卫所徒有虚名，无论是镇压农民起义，还是抗击倭寇，多倚重土兵。嘉靖三十四年（1555年），瓦氏夫人带领俍兵出征东南沿海抗倭遂成为佳话。清朝也非常注重利用土兵来“抚夷民”“擒盗贼”“防止下民作乱”和协助官军征剿。但是，清顺治八年（1651年），广西施行绿营兵制，加上改土归流的推进，土司地方的土兵逐步被绿营兵所代替，土兵数量减少，力量大为削弱。可见，土兵由原来土司自身的武装力量逐渐演变成为朝廷控制土司的一种工具，一方面在镇压农民起义的过程中充当了朝廷的帮手，另一方面也在维护封建国家的统一和保卫祖国的疆土中发挥了一定的作用，充分表现了土兵的两面性。

元明清时期，除了对土司实行奖罚以外，还采取一系列措施加强对土司的监督制约。

土司机构的官员主要由少数民族土官担任，但是元明清时

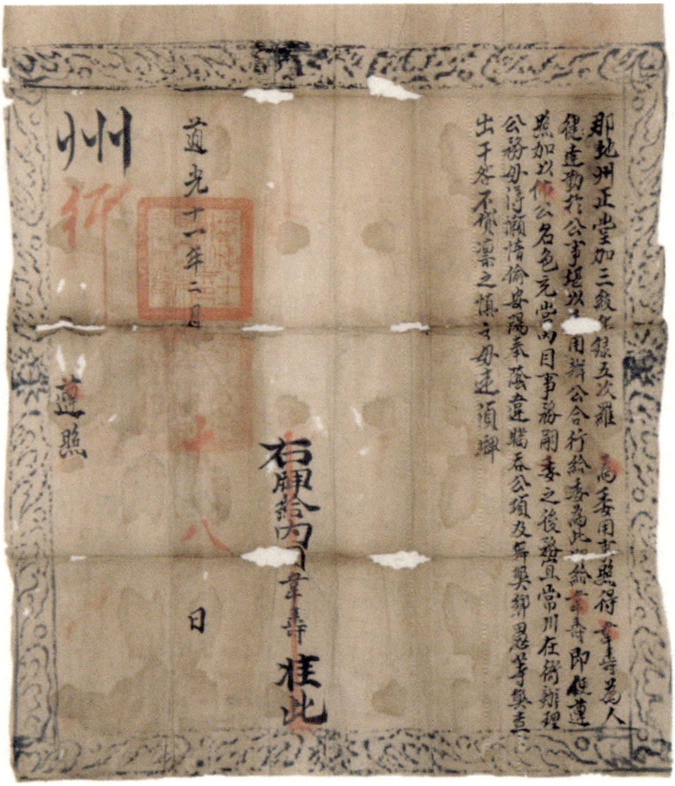
那地州正堂加三級紀錄五次羅　為委用事照得韋壽為人
健達勤於公事堪以用對公合行給委為此給韋壽即便遵
照加以公名色充當內目事務副委之後務宜常川在衙辦理
公務毋得懶惰偷安隔泰藩查違聽吞公項及與奧鄉愚等交通
出干咎不貸凛之慎之毋違須牌

右牌給內目韋壽　准此

道光十一年二月　日

州

遵照

清代土官颁发的委任状

期，都在土司机构中参用流官，名义上是辅佐土官，实际上起到监督制约的作用。元朝廷为了加强对诸土司的控制，各路长官达鲁花赤（蒙古语，本意为“掌印者”，后来成为长官或首长的通称）皆由蒙古人担任，总管由汉人担任。后因蒙古人畏惮南方瘴疠，不适应南方湿热气候，达鲁花赤也开始由汉人担任。

明朝废除了元朝的达鲁花赤，建立了较为严密的流官佐贰制度。所谓流官佐贰制度，就是在土司政区内以土官为正，以流官为佐的土流相配制。明朝初年，壮族土司地区就普遍建立了这种流官佐贰制度。如思明府，设流官同知。

清代普遍在土司地区设置流官吏目，根据不同的土司地方设置流官州同（从六品）、流官州判（从七品）、流官吏目（从九品）、流官典史（未入流）等，统称为“流官佐杂”。如雍正四年（1726年），将太平府所属的江州、太平、万承、龙英，庆远府所属的东兰，思恩府所属的田州等6个土州流官吏目改为州同；将太平府所属的安平、凭祥及思恩府所属的向武3个土州流官吏目改为州判；增设庆远府南丹土州州同1员、那地土州州判1员。到乾隆三十二年（1767年），除已经改土归流的土司以及庆远府属之永定长官司，永顺正、副长官司和思恩府所属9个土巡检司等少数小土司未设流官吏目外，其他壮族土司都分驻有汉族佐杂、弹压。在土司机构中参用流官，制约了土司的行政权，土司再也不能为所欲为地发号施令。

缩小土司的管理范围，多封众建，从而分散地方力量，形成互相牵制的态势，这是中国封建统治者维护中央王朝的权威和控制力的有效手段。这一经验也被运用于明清两朝对壮族地区土司的治理中。明清两朝缩小壮族地区土司管理范围的办法有两种：一是调整隶属关系；二是将一个大土司分成若干个小土司。明朝初年，存在不少一个大土司管辖多个小土司的情况，如田州土府下辖归德、果化、上隆、都康、向武、思恩、恩城等州和上林、富劳、武林等土县，思明土府管辖上思、忠州、上石西、下石西、思明、江州、西平、禄州和凭祥县等，镇安土府管辖下雷、归顺、上映三峒和湖润寨，这些土司管辖的范围和势力就很大。经过朝廷的逐渐调整，这些大土司的管辖范围大大缩小。到万历三十二年（1604年），广西土司辖土司的现象基本消除，大部分土司都调整为省级直管或隶属于流官知府。同时，朝廷利用土官内部争斗，或通过处置犯罪的土官，把一些势力较强的土司分割成若干个小土司。最典型的就是田州、思恩两个势力最大的壮族土司，为了争夺地盘，互相仇杀，引起社会动荡。嘉靖六年（1527年），明朝派王明阳率十万大军围剿田州府，将土官岑猛杀死，并将田州府改流，然后分解原田州府地48甲，以8甲置新土田州，另将40甲分置为19个土巡检司；将思恩府改流后，其属地分置为9个土巡检司。通过分裂土司，使土司势力越来越小，从而便于朝廷控制。久而久之，土司即自行瓦解，其对朝廷的威胁也减弱了。

壮族土司的改土归流

中央王朝在少数民族地区推行羁縻制、土司制，实行间接统治，是在力不从心的情况下采取的一种权宜之计。因为土司地区位置偏僻，崇山峻岭，交通闭塞，地广人稀，社会生产力发展水平远远落后于中原地区，文化差异明显，语言不通，风俗习惯不同，生活条件艰苦，汉族官员不愿意到这些地区任职。另外，少数民族首领在心理、情感等方面有中原派来的汉族流官无法替代的优势，朝廷在少数民族地区的治理不得不仰仗这些少数民族首领。因此，土司制度在历史上存在了几百年有其合理性，也发挥过积极的作用。然而，随着经济社会发展，土司制度的弊端也日益显现，一旦形势变得稍有利于封建王朝，朝廷便会不失时机地改土归流，进行直接统治，实现真正的大一统。当然，改土归流也更快地打破民族之间的藩篱，为各民族的交往交流交融创造更好的条件。

壮族地区的改土归流始于明代。改土归流是土司地区一种深刻的社会体制改革，即土司地区原来是由当地少数民族首领担任世袭官员、按照传统方式进行统治的地方，改由朝廷任命非世袭、流动的官员来管理，实行与汉族地区一致的统治方式。朝廷之所以对壮族土司进行改流，主要是土司的私欲膨胀，威胁到封建王朝的统治乃至领土完整。

明清时期是封建专制主义中央集权制高度发展的时期，朝廷希望把更多的权力收归朝廷，强化朝廷的权威。而随着土司制度的发展，一些土司的势力越来越大，私欲也随之膨胀，常有非分之想，攻打兼并其他土司，煽动叛乱，破坏社会稳定，威胁朝廷统治。

地处边陲的个别土司，缺乏国家意识，甚至把自己的领地擅自赠送给外国，破坏国家领土完整。清嘉庆一四年（1809年），广南土司依世曦嫁女给越南高平府保乐州土官，擅自将广南府宝宁县（今云南富宁）的田蓬、龙脯、龙潭（今云南老厂）、苗子塘（今云南龙楼）、大弄、大石板、茅草坪、沙人寨等村寨，作为陪嫁赠给保乐州。光绪十年（1884年），越南沦为法国殖民地后，田蓬等8个村寨的壮族民众在土目朱文秀的组织下，自觉抵御法国侵略者，要求回归中国。中法战争结束后，中越勘界过程中，云贵总督岑毓英令广南知府陈之梅据理力争，签订《滇越界约》，将田蓬等8个村寨重新划归中国。壮族土司地区，地处祖国南疆边陲，朝廷本意是想利用土官土兵以拱卫国防，但是土司时常内斗不止，失去保境安民的作用，甚至影响国家统一，这些都是封建专制朝廷所不能容忍的。

此外，明清时期的中国封建地主经济已经高度发展，部分地区已经出现资本主义萌芽，土司制度仍然保留封建领主制，显然不能适应生产力发展的要求。土司之间为了扩大领地、掠夺农奴，常常互相攻伐，导致社会动荡，民生凋敝，大量无辜百姓失去生命。土官内部争权夺利的斗争，使社会秩序恶化，带动壮族族群之间的敌视与仇杀，严重地阻碍了社会生产力的发展。

壮族地区的改土归流始于明代。明清朝廷一般是在土司相斗、土司内部纷争时改土归流，也有少数是因土司绝嗣和自请改流的。但纵观广西历史上的改土归流，不管是明代还是清代，从未像云、贵、湖广等地那样形成过大规模的行动，最多只是一年改流3处，即明洪武二十八年（1395年）将奉议、向武、南丹三州改流，以及清雍正七年（1729年）东兰土州和下龙司的改流，其余均为零星进行。

从英宗正统时期起，明朝针对不同的对象和时局，采取了不同的改土归流手段，整个明朝壮族土司的改土归流合计16家。改土归流的手段主要有：

第一，武力征剿后改流。明代壮族土官的叛逆事件很多，有的叛逆事件规模很大。朝廷在征剿后进行改土归流的有三次：一是洪武年间，征剿奉议、龙州、南丹等地土官叛乱后改土归流；二是弘治十八年（1505年），征剿思恩府土官岑浚后将思恩改土归流，分设9个土巡检司；三是嘉靖初年，平定田州土官岑猛之乱后，将田州改土归流。

第二，将犯罪土官家族迁往汉族地区。例如：太平府土官黄英衍因在元代违法霸占太平路，到朱元璋建立明朝的第二年被继续追责革职。太平府被改土归流，同时，朝廷将他的全族迁到江苏泰州，将他的势力孤立起来，无法卷土重来。

此外，也有因绝嗣而改流。明朝因绝嗣而改流的有左州、武靖州、上石西州、上思州等州。

清代，在壮族地区的统治基本稳定后，朝廷就开始抓住机会改土归流。清朝在壮族地区的改土归流吸取了明朝的经验教训，重点采取限制、削弱和打击土司的政策，改大留小，必要时兵临城下，或在驻防绿营兵监临下进行。清朝共有31个壮族土司被改土归流，主要分布在今广西、云南，其中教化三部、王弄山、牛羊寨、维摩乡、富州5个土司位于今云南省文山壮族苗族自治州，其他26个土司全部位于今广西境内。清政府在壮族地区的改土归流，可以分为前、后两个时期。前一个时期的改土归流，集中在康熙、雍正期间，18个壮族土司被改土归流。壮族地区势力较大的土司都是在这一时期被改土归流的。后一个时期的改土归流，主要在光绪、宣统年间进行，约10个壮族土司被改流。而别的时期则是非主要的，如乾隆、嘉庆、道光、咸丰、同治5个皇帝在位时间总计有139年，只对3处壮族土司进行改流，而且这3处都是土巡检司，如乾隆时期改掉了小镇安、湖润2个土巡检司，同治时期改掉了那马土巡检司。

清初，壮族土司的改土归流首先是针对势力范围较大的土司。从明代保留下来的壮族土府有思明土府和镇安土府两个级别最高、领地面积较大的土司。康熙二年（1663年），镇安土府被以“绝嗣”之名改土归流。思明土府也于康熙五十八年（1719年）被改流。泗城土知州岑继禄因跟随清军征讨三藩叛乱有功，顺治十五年（1658年）泗城由土州升土府，岑继禄任土知府。雍正五年（1727年），泗城土知府岑映宸恃势叛逆，被改土归流。此后，壮族地区再也没有势力强大的土司。雍正时期，又在壮族土司地区进行了局部的改土归流。雍正三年（1725年），本来不算大的龙州被分解为上龙、下龙两个土巡检司，并在雍正七年（1729年）将下龙巡检司改土归流。同年，东兰土州也被一分为二，田州的一部分地方还被划分出来，成立百色厅，土田州的领地大为缩小。田州土官的危机感也越来越重，于是在乾隆七年（1742年）主动请求分置阳万土州，通过进一步缩小领地的策略，求得更长一点的统治时间。

可以说，清朝在壮族地区的改土归流分为几个阶段：从康熙二年到二十年（1663~1681年），首先改土归流的是连片大面积的土司地方。自康熙二十八年到雍正十一年（1689~1733年）才转到左江、右江、红水河的片区。乾隆年间改流的是小土司。乾隆三十一年（1766年）将小镇安土巡检司改流，改流后的小镇安更名为“小镇安厅”，设流官通判驻其地。嘉庆年间有白莲教大起义。1840年后，中国内忧外患加剧，国力严重衰退，清朝统治者疲于奔命，无力顾及改土归流。况且，壮族地区所保留的这些小土司也无法对朝廷的统治构成任何威胁，统治者也不必对改土归流费心。到了清末民国，随着社会发展，土司制度已经完全走向没落。到民国二十年（1931年），那地土州并入南丹县，这是广西土司最后改流的地方。而云南东部的壮族土司地方一直延续到1948年。延续大约700年的壮族土司制度最终退出历史舞台。

纵观整个明清时期，壮族土司地区的改土归流数量并不算多，大部分壮族土司均得以保留。明朝广西改流16处，其中改土归流后恢复土司统治的就有11处。清代，改土归流14处，其中改土归流后也有1处恢复土司统治。因此，直至清末光绪三十三年（1907年），广西尚有土司43处。但是，我们可以看到，明清把那些势力大、地盘广的土司全部削弱甚至消灭了。因此，明朝嘉靖以后，基本上就没有了土官叛乱和不服征调的事件，改土归流达到了预期目标。正如《清文献通考·王礼十二》所说："广西土州县，贵州长官司等，名虽土官，实已渐同郡县，经画改置，当不甚难。"虽无改土归流之名，却有改土归流之功效。

改土归流后，中央王朝实现了对壮族地区的直接管理，在更大程度上打破了土司制度下各民族、各地区间的壁垒，消除了土司各自为政、割据一方的孤立、闭塞的状态，促进中央王朝同壮族地区之间的联系和壮族地区各民族的交往交流交融，也促进了壮族的发展。

改土归流后，其他民族的大量人口或因垦荒，或因避乱，或因行商，或因驻军，或因做官，从山东、福建、江西、湖南、广东等地进入壮族聚居区，其中，以汉族人口最多。各民族杂居、通婚成为普遍现象。广西汉族人口的比例不断增加。壮族吸收了汉族文化，与汉族交往交流交融的程度加深。广东西部和广西东部，是壮族受到汉族影响最多的地区。在壮汉杂居影响下，境内各民族的杂居相处格局进一步扩大与稳定，到明清之际已形成如今广西境内12个世居民族的格局。来自中原的汉族人口进入广西后，分布于广西各县的重要圩镇，促进了当地经济发展。

改土归流后，土民对土官的人身依附关系逐步改变，生产关系得到一定程度的调整，土民的生产积极性得以调动，有利于少数民族地区社会生产力的发展。改土归流后，壮族聚居区社会生产的发展已有了明显的变化。左州、河池州、庆远府和思恩府等改流较早的地方，农民主动组织起来修筑了很多水坝、水渠，大量的汉族人口迁入，带来先进的生产技术，社会经济呈现繁荣景象，经济发展水平逐渐接近汉族地区。

经过改土归流，尽管还保留了大量土司，但势力强大的土司已经土崩瓦解。清朝的土司制度，虽是对各族土官的笼络，但更重要的是通过分裂土司、使土司受制于流官等措施，使得土司势

忻城莫土司衙署

力大大削弱，从而完全处于清朝的控制之下。因此，在清代，土司与中央王朝对抗的事情很少发生。有些土司名存实亡，形同虚设；有的土司只能秉承当地流官旨意办事，听其支配，受其约束，升降奖惩之权掌于流官之手，土司只能唯命是从。因此，清朝乃至民国初年，土司制度依然有存在的价值。正如雍正皇帝说："湖广土司甚多，各司其地，供职输将，与流官无异。其不守法者该督抚题参议处，改土为流，以安地方。若能循分奉法，抚绥其民，即与州县之循良相同，朕深嘉悦，何必改土为流，使失其世业。"可谓一语道破天机。

改土归流后，壮族地区的学校教育事业得以发展。科举的推行，各地书院的兴建和发展，促进了儒学在壮族中的传播，使大批壮族文士涌现出来。明代中后期，科举出身的柳州人周琦、戴钦、佘勉学、佘立、张翀、孙克恕、龙文光、徐养正，由于对当时柳州政治、文化影响较大，被合称为"柳州八贤"。明万历年间，宜州周氏家族的周文、周立、周齐、周衮、周玹先后参加乡试，均中举人，被称为"五桂联芳"。明末，泗城岑绍勋、岑云汉父子都有一定的汉文化修养，在今凌云县下甲、五指山等地留下大量的摩崖石刻文字，岑云汉还是泗城第一个生员（秀才）出身的土官。清代获得"一门三总督"称号的岑毓英、岑毓宝、岑春煊，都是右江土司后裔，岑毓英是秀才，岑春煊中了举人。中举及第后的壮族文士，有的出仕做官，有的在校馆教书，有的以诗文传世，有的还成为著名的政治家、文学家和教育家。

壮族在反抗压迫侵略中增强中华民族的认同

壮族人民富于斗争精神，有着光荣的革命传统。明代有瓦氏夫人带领近七千名壮族俍兵奔赴东南沿海抗击倭寇的英雄壮举。1840年爆发的中英鸦片战争，是中国社会历史的重大转折，中国开始从独立自主的封建社会沦为半殖民地半封建社会，壮族社会同样经历了较为深刻的变化。面对封建王朝的黑暗统治和西方列强的疯狂入侵，壮族人民不怕牺牲，积极投身推翻压在中华民族头上的“三座大山”的斗争中，在中华民族争取解放的斗争史上写下浓重的一笔。在反帝反封建的斗争中，壮族与其他民族命运更加紧密联系，壮族对中华民族的认同也进一步增强。近代震撼中外的太平天国革命，就是由汉族、壮族人民共同发动的。辛亥革命时期，壮族黄明堂、王和顺等人在孙中山领导下发动了钦防起义和镇南关起义。在新民主主义革命时期，韦拔群等壮族仁人志士在邓小平、张云逸的亲自领导下创建了左、右江革命根据地，创建了中国工农红军第七军、第八军以及工农革命政权。在抗日战争和解放战争中，壮族人民英勇斗争，为中华人民共和国的成立和中华民族的新发展作出了重大贡献。

太平天国运动的核心力量

壮族地区是太平天国运动的发祥地，大量壮族人民参与组织策划并领导这场运动。太平天国运动在中国近代史上占有重要的地位，对壮族社会也产生了巨大的影响。

从洪秀全等进入壮族地区宣传拜上帝教开始，壮族人民就积极响应，给予大力支持。太平天国首义地桂平金田及其附近，是壮、瑶、汉多民族杂居地，壮族人口占有相当的数量。洪秀全等太平天国领导人知道，要在多民族地区发动反清武装斗争，除了依靠汉族，更应该依靠当地少数民族。洪秀全进行宣传活动的贵县赐谷村（今贵港市庆丰镇西谷村）分上、下两村，上村居住的均为壮族人。石达开、韦昌辉等骨干都是壮族人，说明太平天国运动酝酿期间，壮族人民就参与其中。金田起义后，壮族人民一呼百应，纷纷加入太平军，在中国近代历史上写下了浓重的一笔。

道光二十二年（1842年），在拜上帝教创立初期，洪秀全就把发展的重点放在壮族聚居区。洪秀全和冯云山于1844年5月21日来到广西贵县赐谷村传教。该村位于贵县北部龙山区的六乌山南麓，是壮族聚居区。在赐谷村的表兄王盛均家安顿下来后，洪秀

金田起义遗址

全白天以教书为掩护，晚上宣传拜上帝教。不到半个月，广西第一个拜上帝教组织在赐谷村诞生。

石达开在认识洪秀全、加入拜上帝教以后，有效地利用自己与壮族关系密切的优势，在壮族民众中广泛开展活动，吸引贵县一带的上千人加入拜上帝教。就乡镇而言，当时贵县的龙山、奇石、中里和桂平的武平里参加的群众最多；就民族成分而言，壮族人最多，其次是汉族客家人；除了农民，还有大量的矿工。石达开因发动会众有功，很快成为拜上帝教的核心领导成员。

桂平与贵县毗邻，当时同属浔州府，这里壮、汉、瑶等民族杂居。其中紫荆山是方圆270平方千米的大山，它位于桂平北部，东与平南县为邻，西跟武宣县交界，北靠气势磅礴的大瑶山，沟壑纵横，层峦叠嶂，是明朝大藤峡瑶民起义的核心地区。这里的壮族人约占三分之二。军营村历来是紫荆山最大的村庄，全村四五百人全部是壮族人，田心、高松、中平、思坑、沙田、龙响、茶地等村庄也都是壮族人居住。1844年，洪秀全和冯云山在贵县赐谷村一带传教几个月后，冯云山决定从贵县跋山涉水，辗转到桂平的壮乡瑶寨宣传拜上帝教，传播反清的火种。冯云山以做书馆先生为掩护，白天教书，晚上走村串寨，宣传拜上帝教。几经努力，冯云山将洪秀全的拜上帝教发展成为组织更加严密、政治目标更加明确的拜上帝会。两年多时间，紫荆山里的不足6000人中，就有2000多人入会。杨秀清、韦昌辉也是在冯云山的鼓动下加入拜上帝会的，后来成为太平天国的核心人物。通过杨秀清，冯云山结识了武宣县的壮族人萧朝贵。在冯云山、杨秀清的影响下，萧朝贵加入了拜上帝会。杨、萧、冯熟悉当地环境，他们入会，对发动紫荆山各族民众起了极为重要的作用。萧朝贵也成为太平天国的重要奠基人，赫赫有名的太平军前军主将，被封为西王，地位仅次于洪秀全、杨秀清。

冯云山在紫荆山还结识了另一位壮族志士卢六。卢六是高坑冲壮族人，以烧炭为生。冯云山初到紫荆山传教时他就入会，并成为冯的得力助手。更加隐蔽的高坑冲卢六家也成了拜上帝会在紫荆山地区的领导机构所在地。卢六也成为前往象州捣毁甘王庙

(位于今金秀瑶族自治县大樟乡古东村)和在本地摧毁社坛、神庙，动员民众参加拜上帝会的核心人物。在他们砸庙传教时，卢六被官府抓捕入狱，在押时病故，成为为太平天国事业献身的第一位壮族烈士。太平天国定都南京后卢六被追封为㫰王。

韦昌辉入会后，拜上帝会总部就于1850年春从紫荆山迁到他家和村中的韦氏宗祠。韦昌辉以身作则，发动全族约1000人参加太平军。韦昌辉打开家中谷仓，供大家吃饭，仅一个月参加拜上帝会的就达到几千人。韦昌辉还秘密开12座铁炉制造武器，为太平天国运动的顺利发展打下了良好的基础。

1850年7月，洪秀全下令各地拜上帝会会众集聚桂平金田，名曰“团营”。来自贵县、武宣、象州、平南等地的上万名会众，冲破当地团练的阻截，陆续集中到金田。翌年初，声势浩大的太平天国运动终于在金田这片沃土兴起。

武宣、象州都与桂平相邻，是壮族聚居地，是太平军从桂平向外发展的前站。金田起义之前，萧朝贵就从桂平回武宣发动大量壮族民众加入拜上帝会。为了让更多民众信仰拜上帝会，1847年10月24日，洪秀全、冯云山、卢六等人从紫荆山前往象州捣毁香火最盛的甘王庙，引起了很大的轰动。

金田起义后，太平军经金田进入武宣，受到当地人民的热烈欢迎，在武宣东乡设大本营，洪秀全还在东乡称“天王”，封五军主将。太平军从东乡北上象州。在象州与敌周旋一个多月之后，于1851年6月在马鞍山与清军激战，重挫清军。太平军在武宣、象州得到当地以壮族为主的各族民众的支持，还有许多壮族

“太平天国丁巳年”款铜炮

人在参加太平军时把房子烧了，表示彻底追随太平军的决心。

壮族人民是太平天国缔造者之一，在打击清朝统治、反对西方列强入侵的一系列战斗中，壮族的一批精英人物发挥了重要的组织领导作用。他们运筹帷幄，驰骋疆场，抛头颅，洒热血，视死如归，可歌可泣，名垂青史。

太平天国运动兴起于广西，早期活动于壮族、汉族杂居的地方，许多壮族民众积极参与组织太平天国运动，是太平天国运动的重要组织领导者，为太平天国运动作出了不可磨灭的贡献。其中，尤为突出的是石达开、韦昌辉、萧朝贵、蒙得恩、谭绍光、林凤祥、李开芳等。

总之，不堪剥削、压迫的壮族普通民众为了改变现状，在洪秀全领导的拜上帝会和太平军的感召下，毅然毁弃庐舍，变卖财产，或举家从军，或全村入伍，扶老携幼、义无反顾地投奔反清队伍。在轰轰烈烈的太平天国运动中，壮族民众表现了不畏强暴、不怕牺牲的革命精神。

援越抗法和反洋教斗争

鸦片战争以后，中国沦为半殖民地半封建社会，中华民族与帝国主义的矛盾上升为社会的主要矛盾，反抗西方列强对中国的入侵成为中国革命的首要任务。在这一新的形势下，聚居在祖国南疆的壮族人民积极投入这一伟大的斗争中。当法国侵略者加快吞并中国邻国的步伐，把战火烧到祖国南疆的时候，广大壮族民众毅然加入援越抗法斗争的行列。同时，面对进行文化侵略的外国传教士，壮族人民掀起一波波的反洋教斗争，粉碎了他们以传教为名进入壮族地区进行破坏活动的种种阴谋，谱写了壮族人民反侵略斗争的新篇章。

近代，远在欧洲的法国为了倾销商品，在非洲、亚洲与英国展开疯狂的殖民地争夺战，越南就在这样的争夺战中落入法国的魔掌。从18世纪开始，法国迫使越南政府先后签订一系列丧权辱国的不平等条约，使越南彻底沦为法国殖民地。位于我国南疆的壮族地区也因此失去了往日的宁静，因为我国广西、云南的壮族聚居区与越南山水相连，唇齿相依，法国吞并越南的目的，是企图以越南作为跳板入侵我国。当遭到法军侵略时，越南多次求援中国出兵驱赶法国侵略者。自19世纪60年代到80年代，壮族出身的云贵总督岑毓英等将领多次主动请求率兵援助越南，保卫边疆安宁。除了岑毓英外，刘永福领导的黑旗军也多次入越参与抗法斗争，体现了中国人民高度的爱国主义精神和博大胸怀。

1882年春，法军再次攻占红河三角洲河内等城之后，不断增兵北上，给我国云南、广西边疆造成严重威胁。云贵总督岑毓英立即加强边疆的军事防守，并拒绝法、英进入云南内地通商的要求。1884年7～8月间，法国侵略者在越南的陆路战场上，集中兵力于东线向北宁以北地区逼近，意在进入我国广西；在海上进攻福建马尾港海军基地。清政府在全国人民的反帝呼声中，在抵抗派的施压下，被迫对法宣战。作为陆路西线清军统帅的岑毓英，调动滇军、桂军、刘永福黑旗军，对敌人展开不断的猛烈进攻，沉重打击了侵略者的嚣张气焰。紧接着岑毓英率领清军继续对法军作战，1885年3月攻占临洮，收复广威府、不拔县，充分显示了中国人民不畏牺牲、保卫边疆的爱国精神。

西方帝国主义列强侵略中国，往往以教会、传教士为“先遣部队”，通过教会、传教士的活动，披着宗教外衣培植亲西方势力，搜集情报，为侵略扩张服务，同时，通过教会活动制造事端，然后对清政府施加压力，干涉中国内政。因此中国各地各族人民的反洋教斗争不断发生，壮族人民的反洋教斗争是中国人民反帝斗争的重要组成部分。

天主教、基督教等洋教是近代伴随着西方列强入侵中国而进入壮族地区的。1854年6月，法国天主教神父马赖，从贵州潜入广西西林，建立传教点。从1871年至1880年，富于道、司立修等法国传教士先后进入广西上思、贵县等地，设立教堂开展传教活动。1880年以后，随着法国对外殖民侵略扩张的发展，天主教在壮族地区的传教活动也更加活跃，桂中、桂西等许多壮族地区均设有教堂或传教点。到1905年，洋教在广西各地设立的教堂多达82处，其中天主教堂最多，达53处，分布在西林、西隆、凌云、上思、贵县、平南、桂平、象州、武宣、柳城、柳州、桂

西林教案遗址

林、梧州、苍梧、修仁、荔浦、永福、龙州、崇善、南宁、百色等地，大部分是壮族聚居地区。当时这些外国教会和传教士通过欺骗诱惑，施以小恩小惠，收买人心，使得部分民众对之信任并加入教会。他们站稳脚跟后，就开始进行各种非法活动，禁止教民与非教民通婚，强迫教民放弃传统的祖先信仰，不准教民祭拜祖宗和本地神灵，引起壮族百姓的思想混乱。有的传教士进而霸占田地、山林，收取地租，放高利贷，盘剥百姓，甚至勾结坏人，包揽诉讼，干涉当地事务。更难容忍的是，一些传教士还通过所谓的入教仪式，奸污妇女。他们的种种罪恶活动，引起壮族和其他各族人民的强烈不满和反抗。近代在壮族地区就发生过多次反洋教斗争，如西林教案、上思教案、乐里教案、永安教案等。

鸦片战争后的壮族人民反洋教斗争是他们反帝反封建斗争的重要组成部分。

投身辛亥革命

辛亥革命是中国资产阶级登上政治历史舞台后领导的一次伟大的革命运动。这次革命运动推翻了清朝的封建统治，创立了中华民国。在革命成功之前，壮族许多先进分子积极参加同盟会，并积极参与组织、发动辛亥革命活动，在辛亥革命中作出了重要贡献。

20世纪初，中国资产阶级领导的革命运动风起云涌，处于水深火热之中的壮族人民更是积极参与其中。壮族地区具有反抗剥削压迫的诉求，成为孙中山选择这一地区作为革命运动基地的重要原因之一。太平天国运动虽然失败了，但是这场轰轰烈烈的革命运动给广西各民族尤其是壮族注入了更强大的革命基因。辛亥革命爆发之前的十多年间，由壮族地区贫困农民、手工业者和失去生计的民众组成的会党遍布各地，武装反清斗争风起云涌，以致官府认为壮族聚居的“滇黔接壤各处，几乎无地不匪，无人不匪”。壮族地区人民此起彼伏的反抗斗争已经对清朝统治造成不容忽视的影响。

壮族地区的革命形势引起了孙中山等革命党人的注意。孙中山先后派人来到广西与这些革命队伍联系，动员这些革命队伍的骨干加入同盟会，使原来处于自发状态的起义斗争逐步转为由资产阶级领导的民主革命运动，而这些革命队伍也成为辛亥革命洪流的组成部分。

同盟会成立后，广西籍的壮族、汉族等各民族革命先行者，积极投身革命行列。其中马君武、邓家彦等 9 人是在中国同盟会成立时入会的，马君武被推选为执行部书记科负责人，邓家彦为司法部判事长。刘古香、钱权、柯汉资和雷沛鸿等，在香港相继加入同盟会。王和顺、黄明堂、关仁甫、李幼卿、梁烈亚、刘梅卿等一大批壮族人是 1907 年在越南先后由孙中山吸收加入同盟会的。尔后，刘古香、雷在汉等人在柳州、南宁等地建立同盟会组织。1908 年，耿毅等人在桂林成立同盟会广西支部。1910 年 8 月，广西同盟会会员发展到 400 多人，其中不少是壮族人。同盟会广西支部成立后，广西革命党的活动更加积极。他们编辑出版《漓江潮》《粤西》《广西日报》《军人魂》《南报》《广西报》等 10 多种进步报刊，积极宣传革命思想：一方面揭露国内旧有的矛盾，以激发民众反清革命的热情；另一方面则揭露帝国主义与中华民族的矛盾，传播爱国思想，为辛亥革命制造舆论。

在辛亥革命之前，广西革命党人不仅有力地声援了孙中山，在桂西南边境发动多次武装起义，包括钦防起义、镇南关起义等，还直接或间接地同遍布全省的天地会势力和抗捐抗税的群众力量互相配合、呼应，给清朝的封建统治以沉重打击，给孙中山领导的资产阶级革命派以极大鼓舞，为促进辛亥革命的迅速爆发发挥了重要作用。

1911年4月27日，孙中山领导中国同盟会发动黄花岗起义，但因寡不敌众而失败。起义军牺牲72人，后葬于黄花岗，称“黄花岗七十二烈士”。黄花岗烈士中有7位是广西志士，韦统铃、韦统淮、韦树模、韦荣初为平南县人，均为太平天国壮族将领韦昌辉族人后裔，另一位韦云卿也是壮族人。

1911年10月10日武昌起义爆发后，包括壮族在内的广西革命党人从不同层面领导和参与了辛亥革命，梧州、桂林、柳州、南宁先后独立。广西的独立把湖南、广东、云南、贵州在内的整个西南地区连成了一片，使大西南成为革命后方，对推动中国民主革命向前发展有着积极作用。

新民主主义革命时期的斗争

1919年，五四运动促进了马克思列宁主义在中国的广泛传播。1921年中国共产党成立，在苦难中奋斗的壮族人民有了依靠。1925年，壮族主要聚居区建立了中国共产党的地方组织，壮族人民的革命斗争有了先进政党的直接领导。壮族人民在波澜壮阔的革命斗争中不怕牺牲，前赴后继，为民族解放事业战斗不息，谱写了可歌可泣的壮丽诗篇。

五四运动以后，特别是中国共产党成立后，一批进步的青年知识分子在壮族地区传播马列主义。在投身大革命洪流的壮族人民中，涌现出一批先进青年，他们接受了马列主义的教育，站在革命斗争队伍的最前列，先后加入了中国共产党领导的东兰农民运动，成为壮族最早的一批共产主义战士。韦拔群就是其中的突出代表。

1923年，韦拔群组织农民自卫军三次攻打东兰县城，成立了东兰革命委员会，宣布取消一切苛捐杂税，废除各种不合理契约，提倡民族平等和男女平权。

这是少数民族地区最早开展的农民运动。1926年12月5日，

韦拔群故居

中共中央给共产国际的报告中高度评价了韦拔群领导的东兰农民运动。韦拔群堪称广西农民运动的先驱。

到了1929年7月，中共中央和中共广东省委派邓小平为中央代表到广西，同时还派张云逸、陈豪人、袁任远、龚鹤村、叶季壮等一批中共党员进入广西，和原在广西的中共党员雷经天、俞作豫、韦拔群、陈洪涛等一起，共同开展广西的革命工作，加快筹备百色起义。

百色起义纪念馆

同年10月，革命队伍迅速解除了驻奉议的国民党广西警备第三大队及右江各县的地方武装，拉开了百色起义的序幕。10月30日，中共广东省委决定建立中共广西前委（后改为红七军前委），任命邓小平为前委书记，统一领导左、右江地区部队和地方党组织。12月11日，中共广西前委在百色镇东门广场召开群众大会，数千名各族工人、农民、战士参加了大会，大会宣布百色起义取得胜利和中国工农红军第七军、右江苏维埃政府正式诞生。百色起义是在南昌起义、秋收起义、广州起义的影响和鼓舞下，中国共产党在少数民族地区实行“工农武装割据”的一次光辉实践。

右江革命根据地包括右江两岸和红水河以南的地区，是当时国内较大的革命根据地之一。在这块根据地上，壮族人口占总人

红七军军部旧址（粤东会馆）

红八军军部旧址

口的80%以上。右江革命事业就是在以壮族人民为主的农民运动基础上建立起来的，它为中国人民的解放事业创造了不朽的业绩，在中国革命史上谱写了灿烂篇章。

中国共产党在筹备百色起义的同时也在积极准备龙州起义，计划建立左江革命根据地，与右江革命根据地连成一片，呈犄角之势，有力地推动广西革命的发展。

1929年10月中旬，按照中共党组织的部署，俞作豫率广西警备第五大队到龙州积极准备军事暴动和建立苏区的工作，收编原来的武装力量和地方绿林队伍，并招募一批工农青年和学生入伍以扩充武装力量，为发动起义作了充足的准备。

1929年12月15日，中共龙州县委成立，由中共广东省委派来的王逸任书记，在左江地区发展党的组织，并把左江农民运动指导委员会改称为“镇南全属农民协会办事处”，主任为何建南，领导龙州、上金、凭祥、养利、崇善等13个县的农协组织，并拥有一支战斗力较强的地方工农武装。

1930年2月1日上午，万人群众大会在龙州县城召开，何世昌在会上正式宣告中国红军第八军和左江革命委员会成立。

龙州起义后，左江壮族人民与其他各族人民一起努力进行革命政权、军队、经济、文化的建设和土地革命工作，左、右江地区20多个县的革命政权很快建立起来。壮族青年积极参加红军和地方赤卫队。一个拥有约70万人口的左江革命根据地建立起来了。

龙州起义纪念馆

抗日救国的重要力量

1931年，九一八事变爆发，抗日战争开始。在中国共产党的推动下，中华民族结成了广泛的抗日民族统一战线。虽然广西不是抗战主战场，但是大批壮族青年从军，奔赴抗日前线，在大后方的民众也积极支援前线。当日本侵略者来到壮族地区时，壮族和其他各民族同仇敌忾，奋勇杀敌，成为抗日救国的重要力量。

全面抗战爆发后，在全国抗日高潮的影响下，广西各界不断地召开抗日救国大会，谴责日本帝国主义的侵略罪行，表示抗日救国到底的决心。大批壮族民众踊跃参军，开赴正面战场。到1940年，广西抗战征兵数目已经达到60万人。以人口比例来计算，在当时，广西的抗战出兵比例是全国最高的。

广西军队先后参加过淞沪会战、徐州会战、武汉会战、随枣战役、豫南鄂北战役、桂南会战、豫湘桂战役等重要战役，为中华民族的反侵略战争作出了贡献。

在广西派往省外的军队中，壮族将领和官兵占了很大的比重。无论是高级将领、中下级军官，还是普通士兵，他们都以高度的爱国热忱拼死抗战，保卫祖国的大好河山，捍卫中华民族的尊严，为此付出了重大牺牲，取得了可歌可泣的战绩。代表人物有第48军军长韦云淞、第31军副军长兼第131师师长覃连芳等。

1939年11月，日军为截断中国与越南的国际交通线，开辟海军、航空兵对滇越铁路（昆明至河内铁路）和滇缅公路的作战基地，决定在桂南发动新的攻势。11月15日，日军在钦州湾登陆，突破中国守军防御阵地，中日桂南会战开始。其中最惨烈的就是昆仑关战役。中国军队在当地民众的支援下，血战18天，以伤亡数倍于敌军的代价收复了昆仑关，歼灭日军第21旅团4000余人。昆仑关战役是中国军队对日军发起的一次成功的正面攻击战，极大地振奋了民心士气。

昆仑关古关楼

昆仑关战役博物馆

1944年，日军发动了“一号作战”，企图摧毁美军的华南空军基地，开辟大陆交通线。1944年8月下旬，日军调集10万兵力向湘桂线推进，国民党军队未能组织有效抵抗。到12月，广西80余个县市沦陷，其中有30余个县为壮族居住区。在强敌面前，壮族军民没有屈服，他们纷纷拿起武器，以各种形式打击日本侵略军。如武宣桐岭乡龙山村、来宾良塘村、忻城马泗乡、柳江三都乡等壮族聚居的乡村都组织了抗日自卫队、义勇军，与日军开展武装斗争，有力地打击了日军。在此时期，河池涌现了一位全国闻名的壮族女英雄——莫花棉，她组织壮族民众，成立了一支50多人的抗日队伍，与日军作斗争。

抗日战争时期，中国共产党领导的军事力量深刻认识战争的本质和规律，以科学的预见和战略性判断，以明确的纲领和方针，以坚定的信念和极强的执行力，引领抗日战争的发展方向。日军入侵广西后，壮族地区的党组织深入发动群众，采取灵活多样的组织形式建立抗日武装，给日军以沉重打击，为争取抗战胜利作出了应有的贡献。

抗战期间，在八路军和新四军中，有一大批壮族官兵在敌后抗日战场英勇作战，为保卫抗日根据地、发展和壮大中共抗日武装力量及争取抗战的最后胜利作出了很大的贡献。他们中的代表有国民革命军第八路军总部特务团团长韦杰、政委李志明，八路军总部随营学校校长韦国清等。

在14年的抗日战争中，一批壮族官兵迅速成长起来，成为八路军、新四军高级将领，他们统率着数万名士兵，歼灭了大量日伪军，为争取抗日战争最后胜利作出了重要的贡献。

汇入解放战争的洪流

抗日战争胜利后，各族人民盼望和平，蒋介石却挑起内战。国民党新桂系军阀在壮族地区极力贯彻这一政策，使壮族地区人民苦不堪言。壮族人民不得不奋起反抗，配合中国共产党领导的人民解放军开展武装斗争。

1946年6月，全面内战爆发。新桂系军阀下令恢复征兵，并增征“紧急保安费”等苛捐杂税，广大群众怨声载道。1947年3月8日，中共中央发出《关于在蒋管区发动农民武装斗争问题的指示》，中共广西地方组织因势利导，广泛发动、组织各族群众开展“反三征”（反征兵、反征粮、反征税）斗争。4月，中共广西省工委书记钱兴在横县陶野乡六秀村（壮族寨子）主持召开各地区党组织主要负责干部会议，作出在全省发动武装起义的具体部署。在各级党组织的领导下，1947年5月至11月，壮族地区爆发了一系列反对国民党当局的武装起义，如左江起义、桂西起义、桂中起义、桂中南起义、钦廉地区起义等。

1949年初，解放战争已经取得决定性胜利，根据全国革命形势的变化，壮族各地游击队纷纷由内线转入外线，向敌人发动攻势，建立游击根据地，配合解放军对华南等地的解放。十万大山、六万大山、桂东南、桂东、桂北、左江、右江、桂中南、桂中、柳北、都宜忻等11个大游击区先后建立，为解放军入桂作战打下了坚实的基础。

解放战争时期，壮族将领南征北战，为全中国的解放作出了重要的贡献，其中有参与解放东北的黄惠良、韦祖珍、欧致富等壮族将领，参与华东战场的韦国清、覃健、冼鹤云、覃士冕等壮族将领，参与华北战场的韦杰、覃国翰、黄新友、卢绍武等。

1949年11月6日，人民解放军决定发动广西战役，第四野战军6个军、第二野战军3个军共40万人，由湖南、广东、贵州地区分三路向广西进军。在解放广西战役中，熟悉广西地情、民情的壮族将领韦祖珍、卢绍武、覃国翰等率部为解放广西立下奇功。1949年夏，韦祖珍率第135师南下，10月在衡宝战役中歼灭新桂系军阀主力部队4个师共4万余人。1949年11月上旬，卢绍武作为第38军副军长，率军由湖南安江直插贵州的榕江，折入广西，对逃入广西的白崇禧势力实行大迂回大包围，随后与桂西游击队会合，攻克了百色、隆安等地。1949年11月，覃国翰又随第四野战军进军广西，参加了解放广西的战斗，直至广西全境解放。12月5日，百色解放，覃国翰任广西军区百色军分区司令员。

解放战争时期，壮族将领指挥着数十万解放大军，征战在全国各个战场，为中国各族人民的解放事业作出了宝贵的贡献。

庆祝广西僮族自治

三

壮族在社会主义社会中繁荣发展

1949年10月，中华人民共和国成立后，解放军挥师南下，壮族地区的人民武装积极配合，解放了壮族地区，翻开了壮族历史崭新的一页。在中国共产党领导下，社会主义建设不断发展，壮族在社会主义社会中走向繁荣。

壮族地区的解放和社会主义制度的确立

1949年初，解放军势如破竹，全国解放大业的胜利指日可待。按照中共中央军委的西南战略部署，解放军先解放广东，然后从广东合围消灭国民党桂系势力。

国民党新桂系军阀集团在广西经营多年，有较强的军事实力。1949年11月7日，解放军以4个兵团、9个军和桂滇边区纵队、粤桂边区纵队共40多万的兵力，组成西、南、北三路大军，发起了解放广西的战役。西路由广西南宁籍的莫文骅率领四野第十三兵团第41军自黔东南插入桂西北之南丹、河池一带；东路由陈赓等人率领二野第四兵团和四野第十五兵团在广东廉江和广西博白一带发起围歼战；中路由萧劲光率领四野第十二兵团自湖南进入桂北、桂东。11月22日，桂林解放；11月25日，梧州、柳州解放；12月4日，南宁解放；12月11日，经过1个多月的激战，人民解放军把五星红旗插上了中国的南部边关——镇南关（今友谊关）。至此，广西全境宣告解放。

早在新中国成立前的1949年8月，叶剑英就被任命为中共中央华南分局第一书记、广东军区司令员兼政治委员，全面主持

1949年12月11日，中国人民解放军攻占镇南关，宣告广西全境解放

两广军政事务。同时，中共中央决定成立中国共产党广西委员会（简称中共广西省委），并从全国各解放区和人民解放军中抽调一批干部，与原来在壮族地区坚持地下工作的干部配合。1949年12月2日，经中央人民政府委员会第四次会议批准，任命张云逸为广西省人民政府主席，陈漫远、李任仁、雷经天为副主席。1950年1月，在叶剑英的建议下，经中共中央批示，南宁正式确定为

新中国成立后的广西省会。1950年2月8日，广西省人民政府在南宁正式成立。

各级人民政权建立后，各地根据中央的要求邀请各民主党派、人民团体、军队、工商界代表筹备召开各界人民代表会议。1950年10月23日至11月2日，广西省首届各界人民代表会议第一次会议在南宁召开。经过选举，会议产生了广西省第一届各界人民代表会议协商委员会，作为广西省各界人民代表会议休会期间的常设机关，张云逸当选为主席，陈漫远等5人当选为副主席，李任仁等73人当选为委员，体现了中国共产党领导下的多党合作与政治协商制度。

中华人民共和国成立后，广西省属于全国六大行政区中的中南区，管辖的行政区域和政区名称在不同时期有一定的变动。

国民党党政军系统在逃离大陆前，在西南、中南等地潜留了大批特务，他们与当地的土匪、恶霸相勾结，企图建立“大陆游击根据地”。由于广西地处边疆，山高林密，壮族地区的国民党残余势力和土匪活动尤为猖獗。

为了尽快肃清匪患，中共中央和毛泽东主席直接指挥了壮族地区的剿匪斗争。对于剿匪斗争，中共中央规定了“军事打击、政治瓦解、发动群众三者相结合”的方针。各地根据中央的方针，结合本地实际，制定了一系列的剿灭土匪、安定社会秩序、维护民族团结的政策措施。

在壮族地区的剿匪过程中，毛泽东主席始终关注，密切指示剿匪工作的思路，对取得的成绩也及时来电嘉勉。

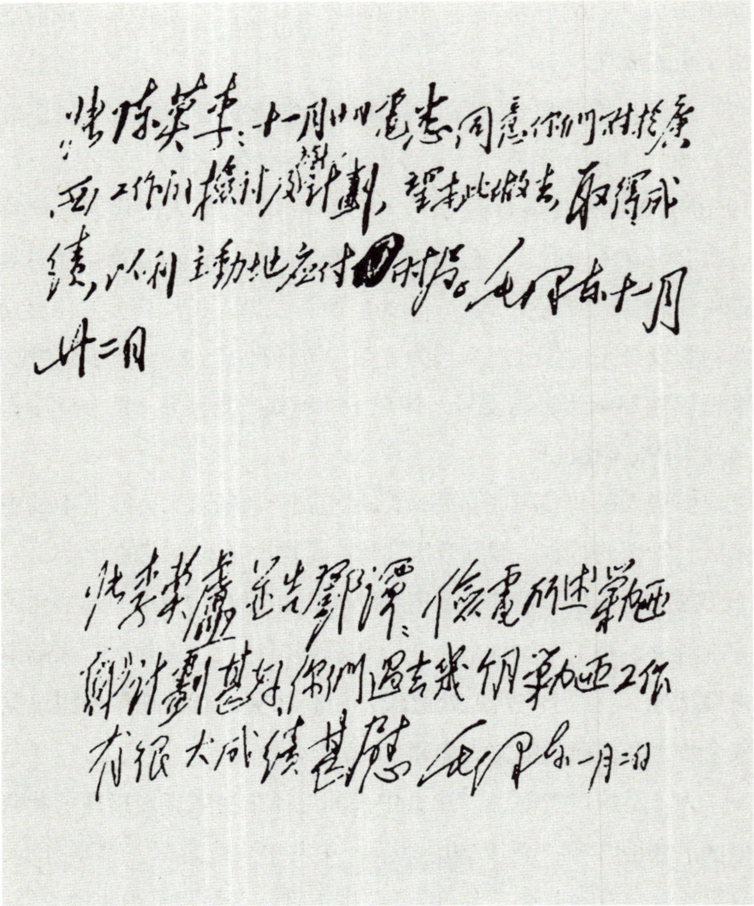
张陈莫李：十一月廿一电悉，同意你们对于广西工作的检讨和计划，望本此做去，取得成绩，以利主动地应付时局。毛泽东 十一月廿二日

张李莫雷并告邓谭：俭电所述第二阶段计划甚好，你们过去几个月剿匪工作有很大成绩，甚慰。毛泽东 一月廿一日

毛泽东主席关于广西剿匪工作的两份电报手稿（上为1950年11月22日写，下为1951年1月21日写）

至1952年底，广西全歼（包括毙、俘、自新）境内土匪46万多人，顺利地完成剿匪任务。在整个剿匪斗争中，广大的壮族同胞发扬了优良的革命传统，保卫了新生的人民政权，保卫了家乡，彻底粉碎了国民党企图在边疆民族地区建立所谓“游击根据地”进而派部队从海上和邻国越南进入大陆进行颠覆活动的阴谋，在壮族人民革命史上谱写了光辉的一页，确保了壮族地区人民翻身做主人的胜利和社会主义制度的建立。

肃清匪乱之后，下一步是进行土地改革。在旧中国，不合理的土地占有制度和地主阶级对农民的残酷压迫、剥削，严重地阻碍了壮族地区农业生产力的发展。进行土地改革，废除封建土地制度，确立社会主义制度，实现千百年来农民向往的“耕者有其田”的愿望，是解放农村生产力，促进社会经济的发展，提高广大农民生活水平的重要前提。

壮族地区大规模的农村土地改革于1952年开始，分两批进行，至1953年春全部结束。第一批是在壮族聚居区和壮汉杂居区，与汉族地区的土地改革同时进行；第二批是在民族杂居区，即壮族与其他少数民族杂居的地区进行，涉及的少数民族人口共有80多万，其中壮族人口10多万。

壮族地区的农村土地改革是一场极为深刻、极为广泛的社会变革，标志着壮族地区新民主主义革命的完成。随着壮族地区土地改革的顺利完成，封建土地所有制被废除，地主阶级的封建特权被打垮，实现了农民土地所有制。广大农民获得了土地，在政治上、经济上真正翻了身，生产积极性空前高涨，生产力大大提高，农业生产获得发展，农民生活有了改善。而且，壮族地区杂居着汉、瑶、苗、侗等民族，由于在土地改革过程中各级党委和政府认真宣传贯彻党的民族政策，使得歧视少数民族的现象大为减少，增强了各民族之间的互相信任和团结，各地的民族关系得到了改善。不少地区的壮族人民热烈地欢迎瑶、苗等少数民族下山分田地，各民族互相学习生产技术和先进经验，各族人民之间的隔阂逐步消除，社会风气焕然一新。

经过剿匪、土地改革，壮族地区的国民经济得到了初步的恢复和发展。从1953年起，按照中央的统一部署，壮族地区在实施"一五"计划的同时进行社会主义改造。

在进行社会主义改造以前，我国存在多种经济成分并存的状况。壮族地区各级党委和政府按照中央部署，采取措施进行社会主义改造，恢复和发展经济：一是废除帝国主义特权，没收国民党政府和官僚资本企业资产；二是统一货币管理，稳定物价；三是恢复交通，维持生产；四是调整工商业，统一财经工作；五是扶持和发展合作经济；六是投资新建一些企业和交通基础设施。

经过三年的恢复与发展，壮族地区的经济形态与全国主要地区一样，基本形成了以国营经济为主导、多种经济成分并存的格局，新民主主义经济形态初步形成，为壮族地区的社会经济发展开辟了广阔的前景。

壮族地位的确认和民族区域自治的实施

新中国成立后，党和国家实行民族平等和民族团结政策，并制定了民族区域自治制度，壮族的合法地位得到承认，壮族人民实现了真正的当家做主。

广西尤其是桂西一带，历代均为壮族聚居之地，壮族占当地人口的绝大多数。刘锡蕃在1934年出版的《岭表纪蛮》中说："僮人散播于广西全省，有……种种不同之名称。其次人口之繁殖，较他族为最。合广西所有蛮族而统计之，僮族实居十分之八以上。故其在广西历史上，实占最重要之一页。"徐松石在1939年出版的《粤江流域人民史》中也指出"僮乃岭南土著""今岭南人富有僮族血统"，他断言在广西的大约1100万人口中，壮族人远不止刘锡蕃说的620余万。但是，国民党政府却不承认壮族的合法地位，在民族人口统计时没有将人口最多的壮族单独统计，这导致新中国成立初期，绝大部分壮族人民族意识淡薄，不认为自己是少数民族，认为自己是讲"土话"的汉族。

新中国成立之初，壮族人口分布区域很广、数量众多。由于历史的原因和居住地区的不同，加之方言上的差别，壮族的自称和他称很多，有布壮、濮侬、布侬、布雅侬、布越、布依、布那、布广、布扬、布厅、布傣、密傣、德傣、傣格来、布岔、侬族、侬人、龙人、侬安、隆安、天保、沙族、沙人、沙奴、黑沙人、白沙人、麻秧、土族、土人、土僚、黑土僚、白土僚、花土僚、土佬、拉基等数十种。

根据中央的安排，从1951年开始，在对壮族地区的少数民族进行社会历史调查之后，也陆续开展了民族识别工作。壮族的族称在此过程中得以恢复，法定地位得以明确。其间，著名民族学专家费孝通发表了《关于广西壮族历史的初步推考》一文，运用历史学、民族学、语言学、考古学的资料对壮族的历史源流进行了探讨。

1951年，广西开始了设立县乡级的民族（包括壮族）自治地方的工作。1952年，中央认可了广西西部地区存在大量壮族人口的事实，同意了中共广西省委提出的设立较大范围的桂西壮族自治区的提议。桂西壮族自治区辖宜山、邕宁、百色3个专区，共34个县，面积11.17万平方千米。自治区内除了壮族，还有汉、瑶、苗、侗、仫佬、毛南、回、彝、水、仡佬等10个民族，壮族人口占全区总人口的62%。

在1953年全国第一次人口普查中，广西把壮族中各种自称和他称的人统一确定为壮族。壮族正式成为当时全国确认的38个少数民族中的一员，总人口为691.96万。

到1956年，居住在广西的壮族人口多达700多万，占全国壮族人口总数的90%，壮族成为中国少数民族中人数最多的民族。

我們偉大的祖國

廣西省桂西僮族自治區人民政府成立了，自治區內各族六百二十多萬人民，更加親密地團結起來了。這是自治區首屆各族各界人民代表會議於十二月六日在南寧開幕時廣西軍區文工團的舞蹈表演。

1952年12月19日《人民日报》第一版关于桂西壮族自治区人民政府成立的报道

但桂西壮族自治区仅是地区级建制的单位。为了使壮族人民在祖国民族大家庭中享有平等的地位，中共中央根据民族区域自治政策及制度，顺应壮族人民的要求，倡议建立省一级的壮族自治区。

之后，广西在全省范围内进行了广泛宣传和深入讨论，各党派、各机关团体、各界人士，无论城市、农村都参与进来。这个过程，体现了民主决策的过程，最终基本统一思想认识，为中央作决策和自治区后来的发展奠定了思想基础。

1957年8月23日到9月4日，广西省第一届人民代表大会第五次会议一致通过了《关于建立广西壮族自治区的决议》，并决定成立广西壮族自治区筹备委员会。经过近两年的酝酿和筹建，建立广西壮族自治区的条件成熟了。

1958年3月5日至13日，广西壮族自治区第一届人民代表大会第一次会议在南宁隆重举行，出席会议的代表有412人，列席478人。3月5日，韦国清代表主席团向大会致开幕词，宣布广西壮族自治区正式成立。

贺龙副总理代表中共中央、中央人民政府和毛主席向各位代表、壮族人民和广西其他各族人民致以热烈的祝贺。3月13日，大会选举韦国清（壮族）为广西壮族自治区主席，贺希明、李任仁、覃应机（壮族）、莫乃群、卢绍武（壮族）为副主席，韦纯束（壮族）等43人为自治区人民委员会委员。

广西壮族自治区的成立是党和国家推行民族区域自治政策的一项重大成就，标志着广西各民族平等、团结、互助、合作的社会主义民族关系进入了一个新的发展阶段，也是壮族走向繁荣的一个标志。

1965年10月12日，国务院作出了《关于更改僮族及僮族自治地方名称问题的批复》，正式将“僮族”的“僮”字改为“壮”，其他地方的名称也做了相应的改动。

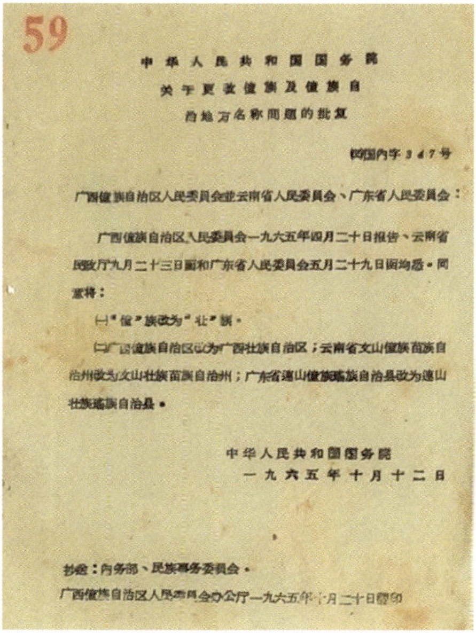

59

中华人民共和国国务院
关于更改僮族及僮族自
治地方名称问题的批复

(65)国内字347号

广西僮族自治区人民委员会并云南省人民委员会、广东省人民委员会：

广西僮族自治区人民委员会一九六五年四月二十日报告、云南省民政厅九月二十三日函和广东省人民委员会五月二十九日函均悉。同意将：

㈠“僮”族改为“壮”族。

㈡广西僮族自治区改为广西壮族自治区；云南省文山僮族苗族自治州改为文山壮族苗族自治州；广东省连山僮族瑶族自治县改为连山壮族瑶族自治县。

中华人民共和国国务院
一九六五年十月十二日

抄送：内务部、民族事务委员会。
广西僮族自治区人民委员会办公厅一九六五年十月二十日翻印

国务院作出了《关于更改僮族及僮族自治地方名称问题的批复》

人民日報
RENMIN RIBAO

全国各族人民的又一大喜事
廣西僮族自治区宣告成立

共同劳动创造 共同革命斗争

第四次中日贸易协定签字

祝贺加纳独立一周年

1958年3月6日《人民日报》第一版关于广西壮族自治区成立的报道

广西各界群众在南宁热烈庆祝广西壮族自治区成立

总之，壮族历史文化源远流长，光辉灿烂。一部壮族发展史，其实就是一部壮族在中华民族大家庭中与各民族不断交往交流交融，共创中华，并从多元走向一体的历史。在这一过程中，壮族为中华民族的发展作出了杰出的贡献！同时，壮族从孕育、形成，到繁荣发展，都离不开中华民族大家庭的怀抱，尤其是没有中国共产党，就不可能有壮族的新生与繁荣发展。

后　记

感谢“文化广西”丛书编委会和广西民族出版社的信任，让我撰写《极简壮族史》。如何以极简的文字把历史悠久、人口众多、内部结构比较复杂的壮族历史呈现出来？我试图努力做到几点：一是按照民族发展的一般规律，把壮族的渊源、孕育、形成、繁荣发展的基本历史脉络勾勒出来，让读者对壮族的历史有一个基本认识，说明壮族是一个历史悠久的民族，壮族从多元走向一体的过程也是中华民族从多元走向一体的缩影。二是把壮族对中华民族和人类的重要贡献介绍给读者，让读者了解壮族不仅历史悠久、文化灿烂，而且是一个热爱祖国、追求进步、顾全大局、敢于反抗压迫和外来入侵的民族，对中华民族乃至人类曾作出过杰出的贡献。三是要把壮族的形成和发展置于中华民族共同体的大格局中来叙述，让读者了解一部壮族历史，其实就是一部壮族在中华民族大家庭中与各民族长期交往交流交融的历史。壮族自古以来就是中华民族共同体的有机组成部分，壮族的形成、发展和繁荣都离不了中华民族的怀抱，离不开其他兄弟民族的帮助，尤其是离不开中国共产党的领导。正是在中国共产党的领导下，壮族取得了合法地位并实行民族区域自治，这使得古老的壮族获得了新生，壮族从此走向繁荣。壮族的新生与繁荣发展正是中国共产党的民族政策促进中华民族共同体意识不断增强以及各民族“共同团结奋斗，共同繁荣发展”的生动写照。四是坚持实事求是、论从史出。当前关于壮族历史有不少问题存在争议。有的观点目前还只是一种猜测，有的说法证据还比较单薄，难以形成共识，因而，在撰写过程中就尽可能采用证据充分、得到多数人认可的观点，证据不充分的观点尽可能不写进本书中。总之，我希望读者通过阅读本书，能够对壮族历史有一个较为清晰的轮廓，进而激发民族自豪感，增进民族间的相互了解和交流，自觉维护民族团结，铸牢中华民族共同体意识。

广西壮族自治区博物馆为本书提供了多幅图片，在此谨表示衷心的感谢！

罗树杰

2021 年 6 月